底牌 人民幣的

Paola Subacchi

蘇巴慈———著　劉忠勇———譯

低調爭鋒全球大格局的新國際貨幣

THE PEOPLE'S MONE¥

How China Is Building a Global Currency

THE PEOPLE'S MONE¥

人民幣的底牌

|目 錄|

譯者序

歐元之後，
全球最大的貨幣變革

人民幣跟我們有什麼關係？ 思考這個問題之前，不妨先來看看跟我們切身相關、新台幣 2017 年強勁升值之勢。

新台幣兌美元今年上半年升值 6%，逼近 1 美元兌 30 元關卡，漲幅居亞幣之冠。受到新台幣升值的影響，台灣外銷產品主要以美元計價的電子業和機械業出現匯損，頻頻叫苦。

日圓對美元也升值，但升幅不如台幣，導致日圓兌台幣一度貶到 1 日圓兌台幣 0.26 元的一半年最低。台幣換日圓變得好便宜，對最愛赴日旅遊的國人而言，錢變好用了，在台北還傳出銀行的外匯提款機出現排隊換匯的罕見人潮。

媒體較少著墨、但影響非同小可的是新台幣對人民幣。相對於新台幣和日圓勁升，人民幣今年對美元升值幅度小得多了，若從 2016 年算起，人民幣兌美元貶值 3.2%，台幣兌美元則升值 8.2%，導致台幣兌人民幣升值高達 10.3%。影響最有感的，莫過於存人民幣的投資人。就算有多達 3% 的定存利率，利息仍彌補不了匯損，一年半下來，帳面仍虧損超過 7%。不過，對經常上淘寶網購物，或到大陸出差、旅遊的人而言，台幣變得更值錢了，原本台幣 5 元才能換人民幣 1 元，如今不到 4.5 元就能換到人民幣 1 元。

台幣、日圓、人民幣今年對美元升值原因很多，但最根本的原因，都在於美國財政部一年多來將台灣、日本、中國在內主要貿易夥伴列為操縱外匯的「觀察名單」，目的是想縮減美國對外貿易逆差，也藉此促使美元對貿易夥伴貨幣走貶。我國央行不得不收斂干預，加上外資今年來大舉買超台灣股市，熱錢湧入，導致台幣漲多跌少。

———————————————

從以上例子，可以看見，當美國這麼一個世界強權仗著美元身居國際貨幣最關鍵角色的「**過度特權**」，竟能單憑這種半年一次的報告威逼主要貿易夥伴，達到有利自己利益的訴求，對中、日經濟大國尚且如此，何況台灣？

其次，我們也可以了解，人民幣對台灣的影響毫不亞於美元、日圓。中國官方推動國際間使用人民幣之初，台灣比各國更早接納人民幣，承認人民幣具備國際貨幣身為交易媒介、計價單位、價值儲藏的三大功用：在台灣商家甚至夜市，人民幣是透過銀聯卡、支付寶支付的交易媒介；是淘寶台灣網商品的計價單位；也是僅次於美元，民眾視為保值之外還能增值的外幣投資選擇。

在台灣，人民幣兌美元的外匯交易量已居外幣兌美元外匯交易的首位。正如本書作者蘇巴慈女士（Paola Subacchi）所述，台灣因「與中國大陸深廣的貿易關係」，擁有凌駕於新加坡和香港兩大金融中心的重要競爭優勢，「不僅推動了人民幣業務，也產生人民幣離岸中心的流動性」。

由此來看，不論把對岸當作一個中國架構之下另一個表述也好，東亞的一個近鄰也罷，我們都得承認，對岸 14 億人口使用的人民幣，與我們的關係很深。人民幣或升或貶，其背後的國際化脈絡，國人都應有起碼的認識。

人民幣國際化的緩慢過程，是歐元成立以來全球最大的貨幣變革，而台灣處於人民幣國際化觸角的最前緣。

中國這些年來有限度開放外國投資陸股、放寬人民幣交易區間、實施跨境結算交易、滬港通、深港通，乃至於最近的陸港債券通，都是人民幣國際化「長征」策略的一環。

2015 年 8 月，中國官方意外宣布調降人民幣，目的在阻擋離岸（CNH）和在岸（CNY）之間的套利活動（詳見本書第八章）。但這兩年來，因資金紛紛外流，大陸官方已由阻升轉為阻貶人民幣，2014 年中以來共消耗 1 兆美元的外匯存底來阻貶人民幣，並加強資本管制。短短不到一年，大陸對外直接投資和人民幣結算貿易銳減一半，如今寄望規模

9,000 億美元的「一帶一路」建設能推廣使用人民幣。

　　美國總統川普在 2016 年 11 月當選之前，即揚言上任第一天就要將中國列為外匯操縱國。中國確實在干預人民幣，但並非川普所撻伐的「促貶」人民幣，以提升外銷競爭力，反而是在阻止人民幣貶值。美國財政部 2017 年 4 月報告中坦承，中國近 18 個月來干預匯市阻貶人民幣，使人民幣貶值不致失控，對其他國家有利，「中國干預匯市旨在阻止人民幣貶值過速，以免對中國和全球經濟有不良後果」。

　　中國靠龐大外匯存底救了自己，也穩定了全球經濟，但面臨的考驗仍在，如本書所述「要管好實體經濟，對抗需求低迷、地緣政治局面緊張，還有自己日益應付不來的債務等種種阻力」。

　　另一方面，中國仍繼續發展人民幣成為國際貨幣。人民幣 2016 年 10 月納入國際貨幣基金（IMF）的特別提款權（SDR）一籃貨幣，權重（10.92%）僅次於美元（41.73%）和歐元（30.93%），等於認可中國在全球經濟的重要性，也是人民幣走向自由交易的一大步。

　　若人民幣能成功發展為全球性的貨幣，將在國際上提供美元之外另一個選擇。目前所見美元支配的貨幣體系，也將演變為多貨幣國際貨幣體系之中的主要貨幣之一，而人民幣如 SDR 權重所示，將是影響僅次於美元、歐元的國際貨幣。世界經濟將不再由美國主導，不必聽從白宮和聯準會（Fed）發號司令。美國日後若再釀成金融危機，各國也不至於別無選擇，一面備受煎熬地承擔美國貨幣寬鬆措施所釋出的資金，一面仍得心不甘情不願地當美元為避險貨幣。人民幣將成為全人民的貨幣，如蘇巴慈女士所述，「走向更開放、更一體化、更多和平的世界」。

人民幣相關主題在台問世的專書不多。本書由專家執筆，卻以「淺白、非專家的」措詞，讓有興趣的讀者不致感到挫折，而且從外國人更宏觀的角度來看人民幣，實為目前市面上難得一見的入門參考書。同感寶貴的是，透過本書認識人民幣國際化之路，也重新認識中國經濟自從改革開放以來在世界舞台迅速崛起的歷程。在這段不長的輝煌時期，也可以看到台灣躬逢其盛的有哪些，錯過了的又有哪些。

劉忠勇

2017 年 7 月 1 日於台北

Preface
作者序

中國這個全球最大的國家，一直深奧難測，
而且始終是世界穩定的重大變數。
——《重新評估中國經濟》
China: A Reassessment of The Economy

　　「既然不是中國人，又怎麼能對中國的發展多所指教？」我寫這本書的時候，有好幾次問自己這個問題。我一位對中西方都觀察入微的中國朋友，給了一個讓我放心的答案。他引用中國一句俗話：「外來的和尚會唸經」，認為我就像外來的和尚，比起參與平常討論的局內人，處於更超然的地位，或許也因此更有機會掌握「人民」幣（顧名思義就是「人民的貨幣」）的全貌。我就秉持這樣外來和尚的精神，匯整局內人的知識，理出彼此的關連，開始研究撰寫《人民的貨幣》（本書原文版的書名直譯）。

　　為什麼要研究人民幣？因為從鄧小平 40 年前啟動首波經濟改革開始，貨幣和金融一直是中國超凡轉型中所忽略的一環。如今，中國經濟在全世界數一數二，與最先進的國家並駕齊驅。但很多地方仍保有開發中國家的特徵，舉凡國內所

得仍低、國際間使用人民幣仍受限制等等。若要成為經濟及
金融超級強權，中國的貨幣勢必得通行於國際貿易和金融，
也讓非中國存戶和投資人有意願納為資產組合。

中國在人民幣轉型為國際貨幣及改革銀行金融業的種種
作為，並非直線發展的過程，其中有太多的嘗試和錯誤，也
有太多環環相扣的部分，也難怪中國策略的全貌變得模糊。
但輪廓總是有的，這是全球若要認識中國的未來所必須加以
辨明的。在《人民幣的底牌》中，我設法藉由解讀官方文件、
分析數據、引用個人回憶為佐證，並參照正式和非正式的談
話──包括官員不便坦白證實遠大計畫為何的那種心照不宣。

本書呈現我目前對中國「人民幣策略」的認識，此策略
如果成功，將邁入中國資本時代，進而實現第十三個五年規
畫在 2020 年建立的「小康社會」。我設法拼湊 2010 年以來
已執行的所有政策，評估長遠計畫之餘，一面也概述中國近
來經濟的歷史，因為若要了解當前的發展，非得知道中國的
發展從何而來。過去的發展，加上當前的事件，使我們有一
個架構，可明確掌握實際上還不確定的目標。

中國乃至於人民幣的未來，當然是中國專家們的重大課
題，但本書不單是替他們寫的。《人民幣的底牌》以淺白、
非專家的語言所寫，目的在吸引本來對經濟和金融感興趣、
卻因這領域過於專業而卻步的讀者。先讀過我草稿的同事，
很驚訝發現裡面竟沒有圖表。這是刻意的安排，就是要讓敘
述成為本書的結構。

無可避免，《人民幣的底牌》也是一本講美元的書，因

為要談人民幣和中國，就非得談美元和美國不可。我刻意擺脫人民幣崛起是否降低美元地位的討論。很多書探討美元的未來，這些書大多數是美國作者針對自己國內讀者所寫的。如果中國長期金融和貨幣改革能夠成功，人民幣國際化發展對美元未來走向有什麼影響，我在這裡提出不同的觀點。

本書原文若單講 dollar 是專指美元，除非別有指明。我也把中國的貨幣直稱人民幣（reminbi），這是中華人民共和國 1949 年建國以來的正式名稱，也可以稱為元（yuan），這是人民幣單位的說法，如同英鎊（pound sterling），既是英國貨幣的正式名稱，也是英鎊的計價單位。「元」這詞原本指的是西班牙帝國鑄造的「銀幣」（thaler）。日本的日圓（yen）和南韓的韓元（won）都源出同一個中國字。有意思的是，美元（U.S. dollar）在中國意思就是「美國的元」。

¥ 誌謝

常常覺得寫書是自找罪受。很多人的支持、熱心、友誼，讓我能把痛苦控制在能忍受也能應付的程度之內。儘管如此，我知道我實在難以承受！謝謝你們，包容我的史蒂芬和菲利普，還有法蘭切斯柯、瑪汀納、莎賓娜（無法一一題名）。

好幾位傑出的女性，是讓這計畫能順利進展的關鍵人物。在我忙於本書時，莎拉‧歐寇尹（Sarah Okoye）讓我保持得有條不紊。萊斯利‧賈德納（Leslie Gardner）從本書一開始只是一個想法，就深具信心，安排了這種「絕佳組合」，就連一團亂時還能報以微笑。布莉姬·佛蘭納利—麥考依（Bridget Flannery-McCoy）簡直是從天而來的編輯：既聰明、又有幽默感、又盡責。她幫助我把枯燥無味技術層面的草稿，轉變為非專業讀者也會有興趣的一本書。

梁鳳儀，前為香港財經事務及庫務局副局長，後為英國皇家國際事務研究所（Chatham House）研究員（Julius Fellow）。她幫助我看見整個大局，了解中國人民幣策略的長期影響。她在幾次場合中樂意花時間討論這本書的主要概念，在計畫之初建議幾個方向，也分享她對中國金融業深入的認識和理解。

余永定總是樂意和我分享他的看法，我自己的看法太「香港」時，他也給予若干提醒。高海紅、李婧、李遠芳在北京多次同我共進午餐和晚餐，也分享對中國經濟淵博的知識，他們三人傾力支持這研究，這份情誼尤為可貴。社會科學院世界經濟與政治研究所全體研究人員，特別是劉東民和徐奇淵兩位，為了討論人民幣國際化，給予多次開辦研討會的實體上和知識上的空間。

也要特別感謝英國內閣府歐洲及全球事務秘書處主任巴特勒（Creon Butler）；倫敦金融城政策及資源委員會主席包墨凱（Mark Boleat）；國際貨幣基金（IMF）策略、政策及評估部主任狄瓦里（Siddharth Tiwari），他們協助我，不僅多次與我晤談，又同我參與多場會議和研討會。

楊華在她任職中國駐英國大使館綜合調研處主任、以及楊金龍（George Norris）在任職英國駐華大使館一等祕書期間，協助我聯繫在中國多位專家，省掉我在安排中國訪行上不少麻煩。

河合正弘邀我以訪問學人的身份，在 2013 年加入在東京的亞洲開發銀行研究所（ADBI），認識日本在日圓國際化方面的經驗。感謝在我有關日圓的論文中得以引用多次談話和評論，也成為我在第六章所討論的材料。也特別感謝喬瓦尼（Giovanni Capannelli）、維格納拉傑（Ganesh Wignaraja），以及伊藤宏。

奧斯陸的挪威諾貝爾研究所圖書館是研究中國經濟史背景的絕佳場所，在其中一個開放的書架上，我找到一份很有意思的報告，是美國國會代表團 1975 年遍訪中國後所寫的。感謝倫德斯塔德（Geir Lundestad）和托耶（Asle Toje）邀請我以訪問學人的身分在研究所待了幾周。

也願在此提名，深圳中國綜合開發研究所的郭萬達和他的同事們在 2011 年夏季給我的安排。那是我的「馬可·孛羅」時光：深圳不僅是中國非凡的轉型發源地，也是全中國最生氣蓬勃又機能強大的城市。

在我研究和擬稿期間，我有幸就中國的金融改革和人民幣國際化的錯綜複雜，與不少當地的主要決策者有幾度討論。感謝中國證監會副主席方新海；國務院參事夏斌；全國人民代表大會財政經濟委員會副主任委員吳曉靈；中國人民銀行首席經濟學家馬駿；原中國人民銀行金融研究所所長、現全中國駐國際貨幣基金執行董事金中夏；香港特別行政區財經事務及庫務局局長陳家強；香港金融管理局總裁陳德霖；香港金管局高級顧問穆懷朋；原中華民國國家發展委員會主任委員管中閔；曾任中華民國金融監督管理委員會副主任委員和臺灣金控集團董事長的李紀珠。

多位當地和國際組織的官員對我知無不言，有的人不願具名，但他們知道自己是誰，也明白我的感激之意。

我和多位專家和民營企業工作者有很多意猶未盡、時而激烈的談話，他們都樂意和我分享想法和研究材料，我也從當地多項會議和研討會的見解中受益良多。這些人或多或少都貢獻了這項研究計畫，我雖想一一提名，但總難免有遺漏。大大感謝 Jonathan Batten，James Boughton，Greg Chin，Jerry Cohen，Victor Chu，Di Dongcheng，Kelly Driscoll，Andy Filardo，Alicia Garcia-Herrero，Kate Gibbon，Stephen Green，Thomas Harris，Dong He，Paul Hsu，Paul Jenkins，Gary Liu，John Nugee，Stephen Pickford，Qiao Yide，Changyong Rhee，Andrew Roanov，Jesus Seade，Henny Sender，Vasuki Shastry，Alfred Schipke，David Vine，Wang Yong，Alan Wheatley，Xu Liu，Jinny Yan，Linda Yueh，Geoffrey Yu，Yinan Zhu。

Paul van den Noord，Danny Quah，Li Jing，Gao Haihong，他們讀過草稿，並給予寶貴的評語，改善最後的成品，當然他們不必承擔我出錯的責任。我也感謝三位未具名的校稿者，給了我極多指教。

Jon Turney 和 Annamaria Visentin「自願」以外行讀者的眼光讀整本草稿，考驗本書能否跨越專業的障礙。若我們的友誼經得起這樣的試煉，那應該表示這本書並未太過枯燥。

顯然，此計畫若沒有許多的實際支援是無法完成的。在此要感謝 Josephin Chao 和 Ashley Wu 在台北的協助，讓每趟來台的旅程都令人難忘。感謝 Helena Huang，Matthew Oxenford 以及 Dominic Williams 在研究上的協助。Helena 發掘龐大的資料，在中國實地研究的價值彌足珍貴。也要感謝聯繫出版事宜的 Ben Kolstad，編輯的 Sherry Goldbecker，哥大出版社的 Ryan Groek，還有英國皇家國際事務研究所的同事們。

Introduction

前　言

中國要怎麼說服全世界，人民幣能像美元、歐元、
英鎊、日圓一樣，是值得使用並持有的貨幣？

2016 年 1 月，中國掀起席捲國際金融界的滔天震盪。「上海證券交易所綜合股價指數」在這一年頭兩周大跌 18%，而人民幣早在 2014 年底即處於走貶之勢，經濟則是逾十年來首度出現明顯減速的跡象。

在此之前，中國股市 2015 年 6 月也出現崩跌，2015 年 8 月實施調降人民幣。此外，中國當局顯然沒辦法讓震盪穩定下來，因應無章法，就像「無頭蒼蠅」一樣沒有果效。引進的「熔斷機制」，原本用意是當股市跌幅達 7% 時會暫停交易，卻反而招來更多恐慌。中國證監會主席肖鋼突然被撤換，卻未宣布接替人選，更加重不確定感。

中國走過 30 年盛大的上升路程，如今處於關鍵時期。這裡的領導人殷切期望把中國發展為金融強權，就此完成 1978 年由鄧小平所開啟從計畫轉向市場的經濟轉型歷程。現任國家主席習近平 2012 年末接掌中國共產黨和國家大權，調整了經濟政策的路線，強調民間部門也應參與經濟，且有必要改良工商銀行體系，發展現代金融市場，擬定並落實商事法。但挑戰在於，要降低國家的干預，尤其要擺脫國內大銀行和國有企業之間既得利益的糾葛。這些都是中國達到經濟及政治超級強權的必要手段。這些經濟的目標和考驗的深處，都深植著人民幣這令人苦惱的問題。

¥ 貨幣發展事關重大

的確，當今中國面臨了矛盾和限制，既崛起為主要工商強國，卻沒有反映世界地位的貨幣。矛盾的是，這麼一個向全世界各地開放並融合的國家，人民幣卻是「限制的全球化」的貨幣，在中國以外流通有限制，無論是與別國的貨幣兌換，或在海外銀行存款持有人民幣，都不是那麼容易。國際交易中很少使用人民幣，中國除外的個人和機構，無論企業、銀行、政府所持有貨幣中，人民幣少之又少。因此，中國大多仰賴美元來計價並銷售所生產的商品，需要美元來支付進口，投資海外，實施經濟外交。所累積大量的美元——大約32億的官方儲備[1]——除辦理上述事項外，也有龐大資本可用來實施海外併購。然而，中國在金融和貨幣事務的權力有限，且這權力若要充分得到伸張，還得藉由美元計價的國際貨幣系統來「仲介」。最重要的是，**代表中國財富的外匯儲備很容易隨美元匯價而波動。**

　　當一個國家在經濟上越是與區域或全球融合、且規模名列世界之最，使用自己的貨幣來交易和融通的主張就更迫切。貨幣是一個國家的血脈，是他們「遺傳的」印記，是他們的認同，也代表這些國家的國力及全球的地位。

　　譬如，美元所表彰的，就是美國這個國家的身分，是這個國家權力的儲存庫，也是「過度特權」的來源。中國需要一個國際化的貨幣，才能達到掌權、擴大對貨幣政策的影響力、提升地緣政治的分量，最終躋身與美國並駕其驅的地位。

　　中國需要發展人民幣，既可用於海外又可減少金融和貨幣上依賴美元，除了政治和外交理由外，還有很多因素。以人民幣計價來交易，既能降低成本，也降低中國企業從事海外貿易和金融交易的匯率風險。因此，國際間擴大使用人民幣，便可支持中國在海外的經營和投資。尤其，藉由發展人民幣為國際貨幣，中國便能在外匯儲備中減少累積美元，進而利用多餘的人民幣到海外投資和借貸，如有必要，還可用自己的貨幣支應債務。

發展人民幣為國際貨幣，是中國的長程計畫，這個路線不會改變，不受股市短期攪擾的影響。架構很明確：一面運用中國在國際貿易的角色來推廣人民幣，一面移除人民幣進出國內市場流動的限制，目的是要提高人民幣在中國以外的實用性，進而提升海外的需求。歷史經驗表明，國際貿易所使用的貨幣，須有金融上的運用來配合並撮合。開放貨幣的投資和流通，是推動國際化的關鍵。

這是中國突破歷史的關頭，不能再走輕省的老路。原本承續的是以計畫經濟為特色的制度，承續下來的辦法像是利率和匯率的管理，雖激發了經濟成長，卻也阻礙了貨幣。要讓人民幣更自由波動，中國必須加速制度改革並調整經濟平衡，也就是說，不能說「開放」就馬上開放，要建立一個流動而可靠的貨幣，要達到像現今美元一樣安全資產的需求，中國必須做幾件事：改進銀行、企業、機構的治理；遏止貪腐；約束既得利益者。尤其，中國領導人必須謀求一個辦法，**既要開放金融市場和金融業，又要維持獨特而混雜的「中國特色社會主義」**，也就是經濟計畫和國家管制，並存於市場、外國投資、私有財產、以及個人的主動進取精神。

改善治理和透明度，不僅可以提高人民幣流通量，也能讓非中國持有者改觀，認定人民幣是可靠的貨幣。目前，外國人對中國的制度和政策缺乏信心，就算北京全面解除外國參與的限制，外國人仍不放心把資金交託中國。

中國要怎麼說服全世界，人民幣能像美元、歐元、英鎊、日圓一樣，是值得使用並持有的貨幣？除了透明、開放、可靠之外，當局也必須讓全世界相信，不論國內政治和經濟情況多麼需要，絕不破壞人民幣的外在價值，也就是匯率。持有人民幣的人必須要有信心，不論所處何地、何種情況，總能用人民幣來兌換所需要的貨幣，人民幣也都能保持價值。

整個情況又因為世界經濟的狀態而更加複雜。1990 年代直到 2008 年，中國可以從康壯且繁榮的全球經濟來借力使力，但 2008 年爆發全球金融危機後，全球深陷充滿變數的時期，國際環境也轉為不利。中國如今面臨的考驗是，要管好實體經濟，對抗需求低迷、地緣政治局面緊張，還有自己日益應付不來的債務等種種阻力。

話雖如此，中國領導人正積極擺脫美元獨霸的地位，但不是要以人民幣體系來取代美元體系，而是設想人民幣成為在一個新的多貨幣國際貨幣體系之中的主要貨幣，也反映世界經濟不再由美國主導的現實。

中國領導人要顧到的事情太多。他們能否游刃有餘，既兼顧整個轉型，又不破壞社會凝聚力、政治生態平衡、以及金融穩定。此外，正如我們所探討的中心課題，他們能不能既可達成自己的人民幣目標，又可保有一套國家管制的辦法？中國有那些選項？

　　我提出的一個選項，乃是**推動並加速金融改革**，但即使加速改革，在中國獨特的混合經濟體內是急不來的，倒是中國自己迫不及待。所以還有另外一個選項，即發展一套基於管理的可自由兌換體系， 換句話說，既鼓勵人民幣國際流通，又保留對資金進出的管制，而官方的說法是，一面可達到一定程度的人民幣國際化，一面維持資本管制。

¥ 本書輪廓

　　在本書中，我一共分成十章來鋪陳中國和人民幣的故事，一開始先講背景：在第一章，我介紹**國際貨幣的概念**，作為後面討論的架構。我分析資本流動不僅帶動這 20 年來世界經濟的轉化，也形成金融不穩定性，使全球經濟更不堪金融危機的衝擊。我接著會著眼於貨幣要成為國際貨幣有哪些條件，尤其著重美元的發展。最後，在這一章，我會全盤思考近 30 年中國非凡的轉型，以及美元主導的國際貨幣體系如何加速這一轉型。

　　在第二章和第三章，我探究**中國自鄧小平 1980 年代引進改革以來中國經濟的轉型**，也說明出口和投資對中國的發展有多重要。尤其在第三章，我探討**中國金融壓制的體系，**借貸成本壓抑到很低。在國內高儲蓄率和金融壓制之下，國內金融業結構失衡的情況也有所壓制。然而，沒有效率的情況也繼續存在，不僅限制了改革，也抑制了人民幣成為國際化貨幣的發展。這兩章裡，我回應了本書兩個關鍵的問題：

為什麼中國不想擁有自己的國際貨幣，寧可依賴美元？為什麼人民幣是中國這段出色發展中的例外。

設好背景後，我接著探討中國身處窘境：雖是最大的貿易國，卻沒有一個在貿易結算中占有明顯比率的貨幣（第四章）。這裡我討論中國經濟政策的兩大特色：**資本管制和有管理的固定匯率**。多年來，這兩者不僅藉保持出口競爭力並推動快速經濟成長和就業，導致中國經濟出色的轉型，也限縮人民幣的發展。

在第五章，我檢視靠**自我矮化的貨幣來經營的成本**，尤其是身為未成熟債權國的種種限制（也就是說，不能以人民幣放款），還有管理匯率的成本。我在本章結論討論到挑戰美元體系的困難，網絡外部性（network externalities）和惰性形成不利改變的因素。

如何建立國際貨幣，是我在第六章要討論的重點，我在這裡評價，在中國人民幣策略的脈絡下，從其他國際貨幣特別是日圓可以學到的教訓。這個策略是耗時較短的活躍過程，由原本設計鼓勵區域性使用人民幣，演變到更複雜且由政策主導的架構，目的是要讓人民幣（雖有限制）轉變為國際貨幣，也轉變為以支持人民幣跨境貿易結算並建立人民幣境外市場為本的國際金融資產。在這裡和第七章，我探究中國貨幣當局為**克服人民幣限制和建立人民幣市場**所擬定的措施。

在第八章，我評價了**人民幣策略啟動以來，人民幣在國際間使用的進展，**也檢視這個策略如何擴大到許多政策領域和行業，並支持人民幣使用於世界各地的主要國際金融中心，只有美國例外。我也記錄中國最近開放藉管理的可自由兌換來開放金融業，也就是有額度限制的資本流動體系。

在第九章，我討論**中國金融改革**，也辯證中國領導人若能有所作為，也得花上很長時間來改革當前的體制。不然的話，放寬資本流動的管制，尤其是流出的管制，可能有違保持國內銀行充足金融資源的需求。因此，目前管理的可自由兌換暫可支持人民幣在中國境外的流通和使用。

我在第十章的結論是，人民幣在大約五年內已成為亞洲重要的區域性貨幣。此外，人民幣策略已建立推廣人民幣流通至亞洲以外地區的條件，但尚待完成的事還有很多。不過，除非能夠加速改革，**人民幣仍只是全球化受限制的貨幣，要花很多年才能成為主要的國際貨幣**。若所有條件不變，人民幣最後將在新的多貨幣的國際貨幣體系之下成為其中的主要貨幣，減損美元相對的分量。但是人民幣不太可能取代美元，成為支配的國際貨幣，基於其他因素，全世界可能已經脫離單一貨幣的體系。

中國目前所做的，不僅關係到自己的發展，也攸關全世界的發展。若能成功建立一個全球性的貨幣，將帶進中國資本的時代，而我們目前所見美元支配的貨幣體系也會大幅轉變，中國也已以此為人民幣策略的走向。但能否達成人民幣演變為全人民貨幣的目標，讓中國人和非中國人都樂意使用，值得我們進一步觀察。

THE PEOPLE'S MONE¥

金錢改變了

遊戲規則

在全球金融危機之前的幾年，中國的
儲蓄和美國的借貸尚能保持全球高昂
的需求，這大致上也貢獻了世界經濟
擴張。

但要保持中國和美國之間的平衡，也
就是順差和逆差之間的平衡，中國的
匯率必須保持很低，好讓出口很便
宜，而美國利率也必須保持很低，低
到足以刺激消費和就業。

　　金錢改變了當今的遊戲規則，在全球各地流通、促進各經濟體和國家融合，也進一步融合了我們已經緊密相繫的世界。[1]

　　每一天，有價值近 2 兆美元的國際貨幣垮境流動，其中大約九成交易是金融流動，也就是說，資本是導向投資而非購買商品和服務。[2] 這些國際貨幣的買賣是基於商務和金融的理由，匯率就算是細微的變動，就會導致獲利和損失。

　　1980 年代以來，大部分國家都放寬或排除資本流動的障礙。這種所謂的 **金融自由化**，在當今全球化（各國彼此貿易及投資，經濟更加一體化）階段，成為同樣發展的國家卻各有差異的一大特色。譬如，第二次世界大戰過後，美國和西歐各國解除貿易限制。1957 年，德國、法國、義大利、比利時、盧森堡、荷蘭建立了關稅同盟，但仍維持資本流動的管制。

　　許多國家因擴大融合而完全開放經常帳，意思就是資金可以自由移動，用來支付商品和服務。很多國家也更進一步開放資本帳，也就是說，只要一有機會，資金可以自由來往投資。個人、企業、金融機構都可以到國際市場借錢、籌措資本，並分散資產，他們都可以投資外國，以掌握當地經濟快速成長的機會。1990 年至 2007 年間，就在全球金融危機爆發之前，世界貿易成長將近四倍，國際資本流動總額更增加十倍。

　　隨著金融自由化，資訊科技的創新，功能更強還更便宜的電腦容易買到，讓資金流通更加快速。如今只要按一個鍵，就可以跨越國際界限移轉大量的資金。金融業使用電腦後，市場之間的通訊頻寬加大了，國際貨幣透過系統可自動執行高頻交易，反應速度遠比任何人都快。結果這 20 年來，全球外匯市場快速擴張，從每日成交量即可證明：從 1989 年（這是開始有統計的年份）算起，外匯成交量已增長近七倍。[3]

金融全球化轉移了時代，理由有二。

第一，**資金流動助長了景氣，形成更多資金**，全世界也變得更有錢。法國經濟學家皮凱提（Thomas Piketty）在他的暢銷書《二十一世紀資本論》觀察到，1987 年至 2013 年間全球每成人年平均所得以高於通膨 1.4% 的比率成長。這個成長在開發中國家更強也更明顯。若用比成人年均所得更普遍的指標平均每人國民收入，新興市場經濟體 1990 年到 2014 年的成長率為 115%（按美元 2010 年實際價值計算），由大約 2,265 美元增至 4,870 美元。[4] 以南韓為例，平均每人所得由 1987 年的 3,000 美元，2014 年增到大約 25,000 美元。在馬來西亞，1987 年至 2014 年由僅僅 2,000 美元增到將近 10,000 美元。[5] 極貧窮的國家平均每人所得，就連多數人民仍生活在國際貧窮線之下，也就是每日靠不到 1.9 美元過活的，也大有長進。以迦納為例，平均每人所得 1987 年還不到 400 美元，2014 年增為 1,600 美元，但仍然有四分之一人口生活在國際貧窮線之下。[6]

很多人生活水準改善了，也有不少人變得更有錢。1987

年到 2013 年，每位成人平均財富平均一年按實際價值增長 2.1%。然而，全球極富的個人財富增加的速度卻是三倍於此。[7] 億萬富豪的人數也增加了。當今全世界身價至少 10 億美元的億萬富豪超過 1,800 人，合計財富接近 7 兆美元，[8] 按名目價值這群人的財富比日本經濟規模還大。很多超級富豪是在開發中國家，其中中國、印度、俄羅斯名列前茅（各為 251 人、84 人、77 人）。不過，美國仍以 540 人高居第一。

不只個人變得有錢，國家財富也大幅擴增。在全球製造鏈（如中國）或能源供應鏈（如沙烏地阿拉伯等產油國家）中扮演關鍵角色的國家，累積了龐大的美元和金融資源，如今掌握的財富總計超過 10 兆美元（是 1995 年的 7 倍，當年只有 1.4 兆美元），由各國央行外匯存底和主權財富基金所持有。外匯存底通常用於穩定匯率（第五章另述），可以用來應付貨幣危機。主權財富基金（由主權國家持有的投資基金）讓依賴天然資源國家處理長期發展的需要，確保「國家財富」能完好無損地造福後代。[9]

金融全球化所以轉移時代的第二個理由，與第一個理由直接相關：**資金更多代表資金更便宜**。在本章後半段，我會探討資金便宜、取得也容易的效果，雖凝聚了世界經濟，卻也導致金融資源失衡和錯置，使全球經濟更不堪金融危機的衝擊。

然而，為了認識便宜資金在全球流動所形成的機會和危險，我們先得了解是什麼原因讓資金在全球流動。

¥ 是哪些資金用於國際貿易和金融？

　　世界經濟的資金有很多種型態，包括國家貨幣（如美元）、多國組成的貨幣（如歐元），甚至虛擬加密的貨幣（如比特幣）。由主權國家發行，並有這個國家的央行支持，是貨幣的重要特色，這正是真正的「錢」和禮品卡和里程點數的不同之處。就這個意義來說，數位加密貨幣不是傳統的錢，譬如比特幣不是由任何政府所發行，供應不是由任一家央行來決定，而是經過數學精算所預設好的。[10]

　　國內企業、跨國公司、政府、國際組織、個人、就算是罪犯，都需要錢來支付商品和服務的國際匯兌。由主權國家或主權國家集團所發行的官方貨幣，大約有 180 種，但並非每一種貨幣都符合國際使用的條件。要能在國際間使用，這個貨幣最起碼也要被國際接受為交易媒介（means of exchange），也就是說，必須讓各國之間接受，用來交易商品和服務。

　　國際貨幣另一個重要特色是「流動」的，意思就是，**貨幣充足，能隨時滿足需求。國際流動性充裕，使跨國交易得以確保**，譬如像進出口商品和服務結算更為便捷，世界經濟便能運作良好。

　　此外，凡國際間交易方都需要可以預留以備不時之需的資金，也要確保不論雨天晴天，都能保有價值。保值是貨幣是個重要的功能，它讓個人、家庭、甚至政府，都能存錢和投資。他們不必有錢就趕快花,只為了儘量多買商品和服務,因為未來也可以用存下來的錢,買到大約相同的分量。這讓小至個人、企業、大至國家都能存錢,以備往後消費或投資所需,像是應付老化的人口。個人所做的事也同此理,存錢是為確保退休後持續有收入。存錢也讓人可以經得起意想不到的事件或突如其來的狀況。若一國的出口突然下滑,便可以運用儲蓄來支付食物和能源等基本進口。各國也需要有足夠的儲備來應付流動性一下子不足的情況,像美國 2008 年秋季雷曼兄弟倒閉之後就出現過這個情形。由上可知,資金存為可靠的貨幣,便可保障其價值。

最後,由於資金也用於官方,國際間最有用的貨幣,就是可作為外匯參考匯率基準的貨幣,譬如,所有貨幣都是對美元或歐元報價。此外,國際間最有用的貨幣,也可作為在外匯市場干預的貨幣。這些主要的國際貨幣不僅提供國際貨幣體系穩定性和流動性,也可當作其他較弱貨幣的定錨,可代為達到穩定。

當今的國際貨幣也是法幣:各國在各自管轄權之內宣稱自己的法定貨幣,它是信用的基礎,其價值和金、銀在內任何實體商品的價格無關。因此,公信力乃至於對這個國家政策和制度的信任極為重要。[11] 國際貨幣的外國持有者必須信任發行的政府不會推行有損此貨幣價值或穩定性的政策(譬如:為支撐經濟成長讓利率保持偏低會削弱幣值)。如果這貨幣變得不穩定、持續大幅波動,那麼個人、企業、外國央行、以及各國政府就可能喪失信心,轉存其他更穩定的貨幣。

因此，一個發行國際貨幣的國家有必要在貨幣的價值上加注並維持信心。此價值可檢視兩方面得以確知，一個是匯率變異性的長期走勢（這指明價值穩定與否），另一個是長期通貨膨脹率和在國際淨債權人的地位。此外，貨幣發行國一般政局穩定的信心，對於持有這個貨幣的非居民，也很重要。

既然如此，有什麼貨幣已經成為國際貨幣，又為什麼？**支撐一個貨幣在國際間使用的因素很多，發行國經濟的規模、占全球貿易的比重、市場發展、偏好和習慣都是關鍵。**主要的國際貨幣——美元、歐元、日圓、英鎊——都是由經濟和涉外部門（external sector）名列前茅的國家所發行的。

這些貨幣全都符合上述的條件。跨境使用和流通沒有限制（若有也很小），可以在世界任何地方取得並兌換。以英鎊為例，非英國居民也能為各樣的目的來購買英鎊，不論是貿易或觀光，在自己的國家持有英鎊存款帳戶也很方便。（但不是一直如此：二次大戰之後幾年，英國對於在國際市場貿易進出的英鎊金額，實施嚴苛的資本管制。我們在後面幾章談到中國時，會探討這類管制的理由。）

另外，這些國家都擁有流動而多樣化的金融業、在合約執行上有備受尊重的法律架構，還有穩定、可預測的政策。金融業是發展並支持國際貨幣的關鍵，因為國際投資人需能使用以此貨幣計價的各種金融工具，在不同市場都能交易。他們也需要發展良好的次級市場，有多種金融工具可用，且流動性充裕，資本流動的限制也少。

國際貨幣不只是供金融中介的工具，也讓貨幣發行國扮演世界銀行的角色。也就是說，能把短期流動的存款轉化為長期融資和投資，且完全以此貨幣計價。[12] 這樣的轉化延伸了投資的期限，提供長期計畫的資金，同時，經由結合金融資源的供需，也促進了經濟成長。但如果短期債務和長期資產之間配合得不對，協調不來，也可能讓牽涉其中的國內經濟和全球經濟失去穩定，這就是從美國次級貸款市場學到的經驗，而美國也是 2008 年全球金融危機的源頭。

在那次狀況中，房地產市場崩潰，信用不佳的借債者（也就是次貸借債者）違約，引發銀行體系崩潰，進而引爆全球金融危機。怎麼會這樣？銀行存款轉換房貸，放款給次貸戶。然後這些次貸重新包裝成金融商品，賣給其他銀行、保險公司、各類型金融機構。當美國房地產市場下跌，所有這些貸款的擔保品／抵押品價值大幅縮水，這些金融商品的價值以及納為資產組合的銀行本身的價值，便紛紛瓦解。

¥ 準備貨幣

一個貨幣如果能成為**準備貨幣**（reserve currency），那就真正取得國際貨幣的地位。之所以稱為準備貨幣，是因為央行覺得這貨幣流動性無虞且穩定，可以納入準備金（reserves）。準備貨幣占全球官方準備（official reserves）的比重，大約反映貨幣發行國的經濟規模，也密切反映此貨幣在貿易的使用量，只一個顯著的例外。（這例外當然就是中國──謎底很快揭曉。）

　　舉例來說，英鎊約占所有官方外匯存底的 5%，而英國的經濟規模大約不到全球經濟的 4%。瑞士的經濟規模更小（不到全球經濟的 1%），而瑞士法郎占官方準備的比率為 0.3%。[13] 英鎊和瑞士法郎之所以成為準備貨幣，一來有歷史淵源（在二次大戰之前，英鎊是主要的國際貨幣），二來有金融因素（英國和瑞士都是最主要的幾個活絡的國際金融中心所在地）。

　　由於瑞士的制度架構和外交政策的中立立場，瑞士法郎也在危機時扮演避風港的角色。避險貨幣有健全的經濟政策，堅固的制度架構，發行貨幣國政局（區域性政局在內）穩定，在市場眼中格外可靠。當金融不穩定或地緣政治風險升高，存戶和投資人就會積聚避險貨幣。

　　但這是要付出代價的。當需求轉強，匯率也會走升，匯價太強容易斷傷國內經濟。舉例來說，金融危機 2008 年 9 月爆發至 2011 年 9 月間，因投資人擁至瑞士法郎避險，瑞郎對歐元升值 50%。2011 年 9 月 6 日，瑞士貨幣當局宣稱「當前瑞士法郎匯價過強過高，對瑞士經濟構成嚴峻威脅，也形成通貨緊縮的風險」。[14] 解決之道就是對瑞郎匯價設定上限，兌歐元至少要 1.20 瑞郎兌 1 歐元，並宣示「準備無限量買進外匯」來「執行此最低匯率」。最後，這策略證明難以持守，而在 2015 年 1 月 15 日，歐洲央行（ECB）轉而實施量化寬鬆政策（是一種非傳統的貨幣政策措施，央行從市場買進金融資產，為要拉抬價格以壓低殖利率），瑞士貨幣當局決定再放手讓瑞郎自由浮動。這決定出乎意料，就連國際貨幣基金（IMF）總裁拉加德（Christine Lagarde）也表示此舉「有點意外」,[15] 尤其瑞士央行幾周前才重申錨定瑞郎對歐元的政策不變,還實施負存款利率來支持匯價上限。這突如其來的政策當然破壞瑞士央行多年來的公信力,但瑞郎在消息發布後一開始交易仍大漲 30%。

近幾年來,準備貨幣的定義略有變動,有兩種實質的區別,一是央行所持有的準備（或譯為儲備）,另一個是也納為 IMF 特別提款權（SDRs）籃子的重要貨幣。[16] 納入 SDR 籃子可區隔主要準備貨幣以及其他也納為儲備但次要的國際貨幣。尤其, 這等於隱含承認一個貨幣在國際貨幣體系中有正式會員的地位。美元、歐元、英鎊、日圓,以及 2015 年 12 月以來的人民幣,是納為 SDR 籃子僅有的五個貨幣,而正如我在本書所討論的,人民幣與同在籃子的其他貨幣不同。這些是最主要經濟體的貨幣（美國、中國、日本、歐元區屬之）,或者是系統重要性的經濟體（英國屬之）、意思是他們金融業規模龐大,所做的政策可能其他國家產生體制性衝擊。在 SDR 籃子中最占優勢的是美元,權重為 41.73%,其次是歐元的 30.93%。人民幣占 10.92%,日圓和英鎊各占 8.33% 和 8.09%。[17]

¥ 美元乃吾等所信靠

美元是首屈一指的國際貨幣,不僅是最主要的準備貨幣（占官方準備 65%[18]）,也用於大部分國際貿易訂價和報價,大多數跨境交易也以美元結算。比起其他任何貨幣,美元與世界經濟關係最為密切。[19]

美元支配的地位由來已久。1943 年,當年正準備商討戰後復原的美國主事者推斷,美元「可能成為戰後各種穩定貨幣結構下的基石」。[20] 果然,隔年的「布列登森林(Bretton Woods)會議」上,與會各國同意將自己的貨幣釘住美元,也就是說,他們的貨幣不能升值或貶值超過 1% 的區間。美元提供流動性,最終由美國的黃金儲備作為支撐。當年美國黃金持有量,相當於全球央行庫存黃金的四分之三。在這體系下,美元至少理論上能以 35 美元兌 1 英兩。

布列登森林會議將美元擺在貨幣及金融關係的新多邊法定架構下的核心地置。這個架構由也在布列登森林會議成立的另兩個機構來加強:IMF 和國際復興暨開發銀行(如今已成為世界銀行的一部分)。特別 IMF 的成立,是要監測各國間的固定匯率運作(在「基本面失衡的情況下調整是許可的」),以及提供國際收支協助(也就是放款)給陷於風險的國家。[21]

然而,布列登森林體制的目的上出現一種無解的矛盾,一面要維持關鍵準備貨幣的價值,一面又要確保世界經濟的流動性。為了對國際收支體系提供必要的流動性,發行關鍵準備貨幣的國家終會出現經常帳逆差,反映這個國家借錢來支應消費和投資的金額已超過國內儲蓄。持續經常帳逆差終會減損對這個貨幣的信心和信賴,因為外國持有者會預期,如果要縮減逆差,貨幣終會走貶。[22]1960 年,比利時經濟學家特理芬（Robert Triffin）便闡述此困局，所以有所謂的「**特理芬矛盾**」之說。

當這個關鍵準備貨幣的信心消退，其他國家就得降低自己在經常帳的順差，好讓自己的貨幣升值，不然就得轉換到其他準備資產。但在布列敦森林體制下，沒有轉換到其他準備資產的選擇，因為所有其他貨幣都錨定美元。

因此，其他國家如果沒準備要降低他們的經常帳順差，或讓自己的貨幣升值，美國的經常帳逆差就會一直擴大，進而降低了信心。

1960 年代末期，美國主張盟國可以多盡一分力量，可藉拉高或調整匯價來降低順差。 歐洲和日本則主張，美國有責任帶頭先降低龐大的逆差，何況這也是美國藉發行美元來融資的結果。他們還握有一個重大把柄來節制美國的自主權，就是要求累積的美元餘額兌換成黃金。但這等同於「核彈手段」，會帶給美國和西方盟國之間外交關係危害根本不堪設想。這種策略也會招致龐大的資本損失，因為美元比黃金多，不可能把各國央行持有的所有美元兌換成黃金，所以大部分政府也不想要求兌換所持有的美元換成黃金。[23] 最後在 1971 年 8 月，美國片面決定終止美元換成黃金，讓美元在貨幣市場找到自己的價位。歐洲和日本別無選擇，只有接受布列敦森林體制宣告終止的事實。

儘管美元的支配地位面臨若干挑戰（尤其是歐元），目前仍是個人、企業、國家的首選貨幣。全世界自冷戰以來大幅轉變，但國際貨幣體系本質卻沒改變，美元仍扮演支配的角色。總而言之，美國經濟規模龐大，金融市場流動性高且多樣化，公家機構健全，法律體系廉能，這都讓美元深受非美國居民所吸引，他們遠避金融衝擊和地緣政治風險，無非是要找到一個穩妥避險之處。習慣、網絡外部性（network externalities），以及慣性（inertia），也足以說明美元所以這麼成功。國際上過度使用美元，反而限制其他貨幣發展足夠網絡來挑戰美元的機會。

布列敦森林體制被廢之後，美國以外的美元持有者信賴美國貨幣當局，既能隨時滿足流動性的需求，又不會破壞匯價。美元因是關鍵國際貨幣的角色，必須取得方便、供應充裕。因此，美國政府和聯準會（Fed）的一舉一動，比發行準備貨幣的其他政府或央行受到更多檢驗。

原則上，如果外國投資人認定分散美元資產才是上策，信心和信賴一喪失，就可能引發資本大舉外流，簡言之，就是拿了錢就逃。一旦資本外流和投機性狙擊失控，支配的國際貨幣穩定性就岌岌可危。譬如，英國 1932 年放棄金本位制，美國和其他國家隨即跟進，投資人擔心英鎊崩跌，就開始把資金移往他處。各國政府進一步實施貿易和外匯操作限制，國際經濟和貿易體系由是崩潰。

然而，實際上，外國人幾經浮沉後，仍對美元有信心。美元在金融危機之前的需求勁升。舉例來說，美元隱含需求占美國國內生產毛額（GDP）比率在 1990 年至 2008 年間增加得比美國經濟本身更快，由 10% 增至 20%。[24] 美國銀行和金融業 2008 年雖然崩潰，美元卻成了多數外國人希望持有的避險貨幣。2010 年，美元需求占美國 GDP 比率逾 23%，5 年後約占 17%。[25]

　　事實上，終究還是別無美元以外的選擇，這也說明為什麼非美國個人和機構不論美國國內政策和貨幣的短期影響如何，始終堅守美元不渝。

¥ 當資金便宜的時候

　　金融自由化使個人、企業、政府在全世界各地轉移資金，支付商品和服務、投資高成長經濟體和產業，並以最有利的利率借貸。當借貸條件放寬，取得資金較容易，借貸的成本就會下滑，資金也更便宜。這正是 1990 年代末期到 2000 年代初期經濟擴張期間所見的現象，這個時期稱為「**大溫和**」（Great Moderation）。因有來自開發中國家的便宜商品，加上油價低廉，美國和歐洲的消費者物價通膨都降至歷史谷底。通膨壓力既已減輕，負有穩定物價職責的央行就有合理理由延長維持貨幣政策寬鬆的立場，也就是說，降低利率乃至於借貸的成本。

　　便宜資金對於促進全球經濟大有助益，卻也潛藏風險。首先，這會鼓勵信用過度擴張，也助長無法持久的消費和投資。在全球金融危機爆發的前幾年，很多人陷於消費可以超過自己負擔能力的幻覺中。西班牙即是如此，信用過度擴張，助長房地產市場泡沫化，也帶動國內需求，內需轉而形成龐大經常帳逆差。在 2007 年，西班牙貿易逆差相當於 GDP 的

10%，逆差／GDP 比是美國的兩倍，這種視為失衡的現象，我在下一個段落會再討論。

便宜資金的另一個問題是，低利率容易鼓勵投資人「追尋收益率」，養成敢冒更大風險的胃口，因為高風險投資能創造更高報酬。過度暴露於高風險而低品質的資產，容易導致波盪、金融不穩，以及像 2008 年一樣不時發生的危機。美國住宅抵押市場因信用取得容易而熱絡，帶動住宅房地產市場欣欣向榮，也推動民生消費成長。負債越滾越高，在大家看來是可維持下去的，因為很多人（銀行也是）不切實際地以為，房屋市場會一直有好景氣：他們相信，只要需求強，房價上漲，債務本身終究是償還得了的，所以風險很低。資金源源而入，借貸成本仍然很低，次級抵押貸款數目不斷增加。

在引爆危機前的幾年，便宜資金已形成不容忽視的金融異常現象。

2005 年 2 月，聯準會主席葛林斯班形容全球債券市場出現所謂的「謎團」（conundrum）：**短期利率上揚，長期利率卻仍下滑**。[26] 長期投資往往收益率會高於短期投資，以反映較長的期限，投資人要承擔更多風險。葛林斯班解釋說：「這一發展和大部分經驗相反，也就是說如果其他條件不變，短期利率經常隨長期殖利率一同升高。」[27] 他發現無法解釋的是，投資人願意以比短期更低的利率來出借長期資金。難道這意謂機構投資人會繼續借錢給美國，不管美國已負債累累？似乎很難相信，因為這些年來，美國已靠**雙赤字**來維持

──經常帳（進口遠大於出口）和預算帳（公部門支出遠大於稅收）。當雙赤字擴大時，授信往往收緊，因為債權人會懷疑債務人最終能否償債。

柏南克接替葛林斯班出任聯準會主席後幾周，提出一個假設來說明這謎團──**「全球儲蓄過剩」**（global saving glut）假說。柏南克主張，所謂儲蓄過剩國家──開發中國家尤其是亞洲製造業經濟體和石油出口國，拿過剩儲蓄來投資，導致全球實質利率下滑，也增加可取用的信用。這是一個供過於求的例子。全球儲蓄的供給顯著增加，可能是「長期利率水準較低」的原因。[28]

如今我們知道，儲蓄過剩假說只是更加複雜的量能其中一個面向，但這正符合那些不願看到便宜資金走到盡頭的人的主張。葛林斯班主政的最後幾年，曾主張不要介入戳破泡沫，因為他認為央行的角色不在抑制榮景，也不知道市場會如何反應，而在泡沫破滅後提供支持並「善後」。[29]他也因此挑戰傳統主張央行應該要解散舞會，拿走雞尾酒的調酒盆（punch bowl）。[30]但即使他想插手，也不容易：當資金便宜，大家獲利的時候，很難改變政策路線。前花旗集團執行長普林斯（Chuck Prince）2007年接受《金融時報》訪問時便說：「只要音樂還在放，總得起來跳跳舞。」[31]

2008年，音樂停了。全球金融危機迫使美國減低債務水準，進口需求下滑，貿易逆差縮減。在危機過後的低迷期間，貨幣政策更加寬鬆，祭出非傳統措施，像是旨在維持成長的QE（量化寬鬆政策）。危機過後幾年，已開發國家的利率接近於零。先是美、英國央行，幾年後是日本銀行和歐洲央行，都陸續接受 QE 來保持自己經濟體的穩定性。很多投資人不得向回報更多但風險更大的新興市場追求收益，結果龐大資本湧入，推升開發中國家的貨幣。2010 年秋季，巴西財政部長蒙迪嘉（Guido Mantega）抱怨，聯準會迫使許多國家降低匯率以維持出口競爭力。他在《金融時報》的訪問中說：「現在處於國際貨幣戰，普遍性的打壓貨幣。我們腹背受敵，因為競貶取走了競爭力。」[32]

資本流動在 2013 年逆轉，柏南克才表示可能要結束 QE，投資人便開始質疑快速成長新興市場經濟體的體質和公信力，變得更加挑剔。這暴露了許多投資失衡的現象，尤其是便宜資金助長過度負債的國家。印度、巴西、印尼、南非、土耳其被點名為「脆弱五國」，因為這五國無力承受資本外流（外國資金離開這個國家遷往他地）。

當柏南克 2013 年春天透露聯準會政策有「減碼」的計畫，資金便開始流出這些市場，造成極大的混亂。這場後來被稱之為的「**減碼恐慌**」（taper tantrum），有力指明全球經濟已融為一體，新興市場經濟體和開發中國家首當其衝，承擔已開發國家所實施的政策。如印度央行總裁拉姜（Raghuram Rajan）在《彭博》印度電視台受訪時所說，「國際間貨幣合作失靈」，他解釋說：「工業國家必須發揮功用來恢復（合作），現階段不能光是揮揮衣袖說，我們做我們該做的，你們自己調整。」[33]

2013 年的「減碼恐慌」可謂 2016 年 1 月更嚴重金融

和貨幣動盪的序曲。這一年年初的頭兩周，上證指數下跌
18%，跌到接近 2015 年夏天股市崩跌的谷底，人民幣匯價
也因中國經濟成長比預期緩和而往下調。這次與 2013 年、
2008 年，甚至與 1997 年亞洲金融風暴重創當地而中國卻安
然無恙不同，中國是這次金融動盪的震央。人民幣走向國際
貨幣發展的路程（我在本書後面會討論），已使中國比 1997
年更對金融全球化敞開。但中國的銀行和金融體系沒有強到
足以吸收國內衝擊，無法在全球經濟收放自如。

¥ 美元處於中國轉型的中心

　　金融全球化以美元為中心，帶來中國（和亞洲）1990
年代和 2000 年代發展的脈絡。便宜的資金——實在有夠便宜
的資金，助長了中國和其他亞洲國家所生產商品的需求。結
果產生耀眼的繁華景氣，導致旺盛的經濟成長（尤其是中國，
亞洲其他地區也如此）。然而，中國發展的模式也孕育了金
融不穩的溫床。有 10 年之久，直到 2008 年金融危機，全世
界各地都見識到異常也難以為繼的情況，那就是中國過多的
儲蓄維持了美國過度的消費。而當美國人借貸（主要向中國）
來開銷，全球需求維持高昂，全球經濟持續擴張。

　　美國對中國貿易逆差在 2006 年和 2007 年達到高峰，這
是需求強勁使然。規模超過 8,000 億美元，相當於美國 GDP
的 5.8%。[34] 為要支應貿易逆差，美國必須維持經常帳逆差，

如前所述，就是一個國家向國外借貸來支應消費和投資，超過國內儲蓄的金額。[35]2007 年，美國連續三年經常帳逆差超過 7,000 億美元，相當於美國 GDP 的 5%。

美國經常帳逆差的對照是中國的經常帳順差。在 2007 年，中國經常帳順差突破中國 GDP 的 10%。[36] 這兩個逆差和順差同步擴大，乃是全球金融危機之前世界經濟所經歷的矛盾：全球最大經濟體美國，竟靠向新興市場國家尤其中國融資，來支應經常帳逆差。[37]

這兩國在某些方面有天造地設的互補作用。中國 1980 年以來的成長模式一直圍繞著出口、外國投資，以及外匯的累積。美國同期間注重在內需，尤其靠民生消費來帶動成長。兩國的決策者都運用政策工具來確保資源充分利用，尤其勞動力。在這段時間，中國儲蓄大幅升高，美國負債則大幅增長，其比率很值得留意。中國總儲蓄突破 GDP 的 50%，美國則大約是 GDP 的 17%。

在全球金融危機之前的幾年，中國的儲蓄和美國的借貸尚能保持全球高昂的需求，這大致上也貢獻了世界經濟擴張。但要保持中國和美國之間的平衡，也就是順差和逆差之間的平衡，中國的匯率必須保持很低，好讓出口很便宜，而美國利率也必須保持很低，低到足以刺激消費和就業。換言之，中國實質低匯率就是美國國內低利率的鏡像，也就所謂**「葛林斯班賣權」**（Greenspan put）。美國金融資產在來自中國和其他順差國家旺盛需求推動下，柏南克的儲蓄過剩說才有可能成立。

　　就某個程度來說，兩國政策結果是共同決定的。只要中國繼續管好匯率，只要美國能夠利用低利率（便宜資金）來調整成長，整個體系就能配合良好。

　　另外，從 2003 年到 2008 年，也就是「大溫和時期」，並沒有導正逆差／順差錯置的壓力。美國和中國都能夠達到 GDP 成長和人力資源充分就業，世界其他地區也同享強勁成長（儘管西班牙和愛爾蘭在內有些國家也處於貿易和金融失衡）。所以並沒有規正體系的誘因，[38] 僅僅視為東亞國家放款給美國的返照。[39]

　　這個情況隨全球金融危機爆發而大幅逆轉，美元走貶，利率降到比危機前幾年已處於低檔還低的水準。利率既然保持極低水準，全世界就繼續氾濫著便宜資金。此外，當聯準會、英格蘭銀行、歐洲央行紛紛降息接近於零（最後還實施負利率），並投向 QE 之時，資金繼續在全球流竄，到處尋求收益，尤以流向開發中國家最甚。已開發國家信心低落、失業高漲、需求低迷之際，開發中國家卻在危機過後幾年大幅增長。（但 2015 年以後動能有所鬆動，已開發國家則有起色）。

　　多年來，美元讓這個國際資金機器運轉順暢，[40] 助長對中國和其他開發中國家越來越擅長於生產的商品需求。

　　在下一章，我將討論中國如何運用美元為主的體系和便宜資金的方便，轉為自己的優勢，結果導致中國整體轉型，經濟加強擴張。但中國體系上的限制——貨幣在國際間管制流通、銀行體糸受約束,以及公共醫療和退休資源有限(第三章討論),都限縮了國內銀行和金融業的發展,也加深人民幣在國際間僅能有限使用的定位。

THE PEOPLE'S MONE¥

卓越但未盡

的轉型

從那時起，中國告別了封閉，踏上
面向世界，面向未來的道路。

便宜又方便的資金，營造中國轉型的背景，而這轉型成就這世代一場極其非凡的佳話。隨世界更有錢、資金暢流，已投向經濟改革的中國，準備好更融入於世界經濟，掌握全球各地的開放浪潮。

事實上，從 1990 年代末期到 2000 年代之初，大約在亞洲金融風暴和全球金融危機之間，便宜資金帶動民生需求，進而推動中國出口成長，對中國的投資也源源而入。經濟以非凡的速度擴張，到了本世紀頭十年，中國已重新掌握近 100 年前在世界經濟所失去的地位。

的確，在 20 世紀之初，中國原是全世界數一數二的經濟大國，1913 年在全球的國內生產毛額（GDP）占了 9%。[1]但兩次世界大戰、對日抗戰、長期內戰下來，對經濟造成嚴重災害。

中華人民共和國 1949 年成立，全國殘破不堪，1950 年代雖算不是主要出口大國，還算名列前茅（全球排名 13），但毛澤東 1953 年展開第一個五年計畫後，情況開始轉變。毛澤東在「文化大革命」（1966 年至 1976 年）實施自給自足的教條，使中國幾乎對外封閉。國際貿易萎縮，供應國內自給產業的進口（像原物料和工業半製成品）和出口減至乾涸。[2]1977 年，中國進出口總額不到 150 億美元，在全球貿易占有率僅僅 0.6%，占全球 GDP 萎縮到只有 2%。[3]

中國在國際資本市場更加封閉，除少數短期的信用額度之外，中國既不向國際商業市場融通，也不向世界銀行在內的國際金融機構貸款。不收雙邊機構的外援，不要外國直接投資，也不投資海外。[4]共產黨 1948 年掌權之後，中國發行統一貨幣人民幣， 取代當年各地還流通的各種貨幣。[5]為使進口便宜，中央政府將人民幣匯率固定在一個很高的水平，結果幣值過高，形成官方匯率遠高於非官方匯率的雙重市場。

因為外人幾乎無法進入中國，外國專家很難預測這個國家長期會怎麼發展。美國 1975 年由一個專家代表團深入考查中國經濟狀況後做了一份報告，認為中國有能力擴大工業產能和產量，未來有望顯著進步，但他們覺得中國不會晉升為主要經濟體，「即使中華人民共和國成功，也幾乎肯定會成功，2000 年將進而超越大部分其他低度開發國家，但很難追上與名列前茅國家的差距…北京尚需更多時間晉升工業化之林。」[6]在大約 20 年過後，《經濟學人》1999 年也認為，除非漸進式的改革代之以「震盪療法」，否則中國無法長久維持經濟成長和現代化。[7]

中國證明他們都錯了。

2010 年，中國已超越日本，成為全球第二大經濟體，如今就快趕上美國（其實從若干指標來看，中國已經超越）。近 30 年來，國內外的因素裡應外合、經濟持續改革、加上開放政策的推波助瀾下，刺激經濟以空前的規模成長。中國龐大人口提供便宜勞工，有助於抓住世界經濟擴張的好處。1980 年代開始經濟改革後而帶動的外國直接投資，引進專業、技術、國際最佳作法，也暴露於境外市場，當然還引進了資本。1978 年至 2015 年，中國實質 GDP 成長約 30 倍，逼近 11 兆美元，占世界 GDP 15%。[8] 平均每人年所得由 1980 年代之初的 300 美元增到如今約 8,500 美元（名目數字）。

以出乎意料、不同凡響來形容中國的轉變，無論就速度或廣度而言，實在都不誇張。過去，一個國家的發展，由低價值轉為高價值產業，既要人均所得增加，又要整體生活水平提升，免不了至少歷時兩代之久。但中國不到一代就辦到了。這種發展連中國人自己都感到不可思議。（鄧小平曾有較保守的預期，不只一次說到「如果從建國起，用 100 年時間把我國建設成中等水平的發達國家，那就很了不起」[9]）。我經常問中國官員，他們 30 年前是否預料到會這麼成功，答案都是沒想到。有一次我以同樣的問題問一位前日本財務省次官，他毫不遲疑回答：「這輩子都想不到。」中國成為當代成就非凡的例子，這是眾多人始料未及的。

但真正猜不透的一個謎團是，中國的貨幣並沒有趕上偉大的發展腳步。雖然中國是世界經濟的重量級，人民幣在境外卻限制流通，流動性也受限。大部分中國出口（一年約 2.7 兆美元[10]）和進口（一年約 2.3 兆美元[11]）以美元報價，支付也要兌換成美元。不僅對美國交易商品是如此，對大多數貿易夥伴也是如此。中國是一個擁有「矮化」貨幣的世界級強權。

中國為什麼居然能成長如此之快，又為什麼貨幣沒跟上速度？在本章中，我會深入討論這一段非凡的轉型，探討其源頭和成就。

　　我的論點是，既向世界經濟開放，又有辦法成為美元所支配的全球市場發展的一分子，使兩者發展並行不悖，顯然是可行的。中國有獨特的發展模式，正由經濟計畫為本的體系，轉化為市場取向的經濟體，按鄧小平的說法就是「**市場社會主義**」，[12] 貿易和投資是帶動國家發展的兩股力量。在下一章，我會討論美元體系和金融壓抑促進了發展，如今卻開始限制了進展。矮化的貨幣如今開始出現不利的一面。

¥ 貿易：中國成功發展的一大動力

　　1970 年代後期，中國開始投向貿易自由化，扭轉長年自給自足的孤立路線。1970 年之初，美國總統尼克森轟動當時的訪華之行，與中國恢復友好關係，中國向世界開放的意願已很明顯。但直到文化大革命結束，鄧小平上台，中國對外貿易才具備快速成長的條件。[13]

　　1980 年代初期，鄧小平宣布開辦經濟特區，而在 1988 年，總理趙紫陽發表沿海開發策略。接下來的發展結合策略和運勢，中國順利開放，運用國際貿易，適逢冷戰 1990 年代結束，全球經濟出現非凡的整合和擴張。中國當局積極善用這個機會，推動國有企業（第三章詳述）滿足廉價消費財和中間財的需求。隨需求上揚，出口也增長，促進中國經濟成長。用來結算所有交易的美元，開始源源而入。在 2001 年，中國正式加入世界經濟圈，成為世界貿易組織（WTO）的一員，加入 WTO 也讓中國出口如虎添翼。

中國據有全球新地位並進取更大市場之後更為大膽，一面也需要遵守 WTO 的規範，總理朱鎔基開始推動改革，特別要精簡官僚制度。[14] 關稅大幅降低，政府也同意取消原本只給少數業者跨境經商的貿易許可制，[15] 又同意對智慧財產權保護及在本地經營的外國企業採取國際標準。至今，中國在執行 WTO 規範上仍受質疑，尤其智慧財產權保護和外國企業保障不足，但在降低關稅上確有顯著進展。平均約束稅率（bound tariff rate；對所有會員給予最優惠關稅）目前是9.2%，相較於印度和巴西各為 34.4% 和 30.7%。

這一轉型的效果隨處可見。中國已轉變為全球首屈一指的出口大國和製造大國，如今無論對美國和歐洲，都是最重要的貿易夥伴。2014 年的商品和服務的貿易額大約 5 兆美元，占全世界貿易逾 10%。[16] 相較之下，1990 年是 1,150 億美元，占不到 2%。[17] 貿易如今是中國經濟成長重大引擎，商品和服務進出口占 GDP 47%，在 1978 年這比率還不到10%。而日本、印度、巴西，貿易占 GDP 比率約在 25% 至30%。[18]

中國如今是全球最大一般消費品生產國（占全球總產量三分之一），英國 1850 年到 1900 年，美國 1900 年到 1960年，日本 1960 年到 1990 年，也曾經如此。舉凡家用電器、玩具、自行車和機車、鞋類和紡織品、電腦、相機、行動電話、手表、工具機，甚至連耶誕飾品，全是中國製造。

　　中國也是世界 124 個國家的最主要貿易夥伴。[19]《財星》（Fortune）「全球 500 強」企業榜上，有 70 家是中國公司（2002 年只有 11 家），[20] 在很多產業也成為世界領導廠商。譬如，在電子業，全球智慧手機在全球產量占了 75%，個人電腦產量超過 85%。在上世紀和本世紀之交，「中國製造」的產品，尤其在低階消費品市場，堪稱世界經濟轉化的一大典型。

　　近來像紡織和鞋類等勞力集中產業的出口雖只占中國的 15%，但廉價勞工仍是中國經濟成就的重心。舉例來說，汽車業薪資和其他勞動成本大約每小時 4.46 美元，比起勞動成本高很多的國家占了很大的優勢。在已開發國家，汽車業每小時勞動成本，從美國的 35 美元、日本的 45 美元，最多到德國和法國的 60 美元都有，就連新興市場像是墨西哥，每小時成本也要 6.48 美元。[21] 因此，中國當前有全世界最大的汽車製造業，2015 年生產近 2,500 萬輛車，較 2000 年只有 200 萬輛大幅增長，[22] 就產量來說遠超過競爭國家。美國 2015 年生產的汽車略高於 1,200 萬輛，日本是 900 萬多輛，德國不到 600 萬輛，南韓大約 500 萬輛。[23]

　　很多中國的先進生產屬出口加工，因此來自其他國家的零組件半成品或成品，占進口顯著比率。[24] 譬如，蘋果委託台灣的鴻海生產 iPad 和 iPhone。鴻海在中國大陸有 13 座廠，最大的設在深圳。鴻海進口零組件，組裝為成品，再銷到北美和歐洲市場。

　　然而，觀察中國的進口能源和大宗商品，才最有工業轉型的感覺。

　　中國現在是全世界最大的能源消費國，過去十年來全球增加的能源消耗中，中國就占了將近一半。[25] 石油進口的成長也是全世界第一（與 1980 年代迥異，當年還能出口石油），每日消耗近 12,00 萬桶石油，是經濟合作發展組織（OECD）以外國家之冠，僅次於每日消耗 2,000 萬桶的美國。[26] 對原物料的需求，主要來自重工業對汽油、電力、鐵礦石、銅等天然資源的需要。2014 年，中國生產 8.23 億公噸的鋼鐵，相較於 2000 年的 1.285 億公噸。日本排名第二，卻遠遠落後，產量只有 1.11 億公噸，其次是美國的 8,800 萬公噸和南韓的 7,200 萬公噸。[27]

　　儘管製造業大幅成長，占中國總勞動力比率卻只有 30%，仍有大約 35% 的勞動人口務農（服務業占另外 36%）。[28] 農業就業人口比率仍高，這表明中國雖大舉推動現代化，要顛覆並提升整個經濟，仍有一條漫長的路要走。一個經濟體現代化發展的模式是這樣的：擴大製造業和服務業（第二級和第三級產業）的相對比重，以降低主要產業的比重（主要是農漁業，也包括礦業和採礦）。當中國繼續走上發展之路，農業就業比率會下滑，製造業和服務業比率會上揚。（服務業增幅可能大於製造業）。

　　在美國，目前務農的勞動力只有 1%，另一方面，服務業吸收大部分的美國勞工（近 80%），而製造業雇用不到 20%。在大部分先進國家，這樣的分布很普遍，因技術創新和組織改良大幅降低務農人口，比起其他產業、特別是服務業尤其顯著。

都市化乃是從農業轉變的一個主要結果。產業和服務往往集中在都市地區，因此，民眾會持續由鄉村遷往城市。就像歐洲在工業革命期間，中國如今也擁有全世界幾個規模最大發展也最快的城市。以深圳為例，據官方統計，這是一個有 1,000 萬人口的龐大城市（若加上未設籍的移工，當地人說是此數的兩倍），是中國第六大都市，但已比歐洲和北美任何城市都大（倫敦和紐約各約 800 萬居民）。很多這些城市成長太快，全球根本還來不及認識。最近我在深圳市區開車，不禁懷疑歐美有多少人知道這地方，鄰近還有同樣巨大的廣州和東莞。

當今中國有逾五成人口居住城市，較 1980 年初期的兩成大幅成長。上億人已遷往都會區，在製造業和服務業工作，隨中國持續都市化，這些大型城市會更加龐大。儘管規模無法相比，但這種都市化發展，只有 19 世紀的工業革命時期倫敦和曼徹斯特能夠相提並論。

¥ 外國直接投資：中國經濟轉型的另一動力

經濟自由化以及計畫轉為市場之初，中國當局明白外國投資對國家發展的重要，不僅帶來資本，也帶來比資本更重要的技能、知識及創新，後三者是中國經濟成長不可或缺的要素。鄧小平 1992 年「南巡」（他退休後巡訪南部各省，凝聚支持江澤民的改革）曾解釋：「我國現階段的三資企業，按照現行的法規政策，外商總是要賺一些錢。但是，國家還要拿回稅收，工人還要拿回工資，我們還可以學習技術和管理，還可以得到資訊、打開市場。」[29]

在中國轉型的過程中，資本其實是最不重要的考慮。重出口的策略下，代表貿易平衡中總有盈餘（換句話說，生產總多於消費），況且個人儲蓄率相當高。中國需要（現在仍需要）的是知識、技術和技能。當局於是開始鼓勵外國企業投資，外國企業也想積極參與中國國內正在壯大的市場。開放外資於 1979 年至 1980 年陸續展開，實施了合資經營法，也建立了特別經濟區。

也的確，正因為要確立有充裕美元來帶動發展的體制，美元開始源源而入。外國直接投資在 1980 年代初期幾無阻礙地增長，但也難免會有外界所知的貪腐和管理不善等問題。在這十年中，中國平均一年拿到 18 億美元的外國直接投資，不久便超過中國向世界銀行借貸的金額，使外國直接投資成為更重要的外國資本來源。[30]

中國收到的外國直接投資，高於所有開發中國家（就全球而言僅次於歐盟和美國）。[31]1990 年至 2010 年累計共有超過 2 兆美元流入中國，近年來平均一年取得 1,280 億美元。[32]

1990 年初期，為了配合中國申請成為 WTO 的一員，中國政府開始解除外資投資零售業在內行業的限制。因此，主要跨國企業（如 Nike、班尼頓、佐丹奴、Baskin-Robbins，僅舉幾例）開始在北京、上海、深圳生產，也在主要城市設立分店，對準龐大的本土消費市場。投資中國也成為大部分跨國企業經營策略的要素。

外國直接投資增加，也促使中國製造業更加融入區域和全球供應鏈。歐美跨國企業投資蓋建新廠並啟動生產設施和廠房，譬如，德國賓士（Mercedes-Benz）和英國捷豹路虎（Jaguar Land Rover）均在中國設廠。今天，中國是美歐大多數各類跨國企業全球經營體系的一環，包括蘋果、可口可樂（在中國有 41 座裝瓶廠，員工近 5 萬人）、福斯汽車（譯按：大陸稱為大眾汽車）、博世（Bosch）、愛迪達等等，不勝枚舉。有外國股份的企業約占中國加值產業產值 28%。[33]

外國跨國企業對中國各產業的轉型貢獻卓著，由於引進了先進技術和技術之間的交互作用，也為配合國際品質標準和良好作業，促成了中國生產力成長和現代化。這些效益超越商品和服務的生產，還漸漸納入更先進的運作，像是研發、設計、創新。換句話說，外國資本不僅支持了中國發展，也厚植本地企業，好在國際市場競爭。

除了愈來愈多外國企業在中國經營，中外合資企業也激增。外國投資企業出口勁增，反映了這些合資經營和外國資本大舉湧入的成果。這類出口占中國總出口比率，由 1980 年代中期僅僅 1%，增長到這幾年近 50%。[34] 這類合夥關係特別與高科技和高價值消費品產業息息相關，譬如 DVD 播放機、LED 和電漿電視機、高階電子產品，以及微波爐。

　　到了 2000 年中期，有外資持股的中國企業占這類出口將近 90%。合夥制和中外合資事業在發展汽車業也相當關鍵，譬如，捷豹路虎 2014 年和中國的奇瑞汽車合作，斥資 11 億美元在中國成立首座生產中心。賓士與北京奔馳汽車的合資事業 2004 年即已生產汽車。合資企業也有助於外國企業拓展本土市場，這類合資企業約占福斯和通用汽車總銷量 30%。[35]

　　但投資不再只是單向流動。中國企業也積極向海外取得全球各地公司的股權。2005 年是個轉捩點。南京汽車集團併購英國頗有名氣的 MG 羅孚（MG Rover），這項併購案說明中國也能在全球市場成為平起平坐的夥伴。

¥ 中國走出去

　　鄧小平 1978 年上台之後，中國不久便開始在海外有小規模的投資。在他 1970 年實際掌權時，已多次赴海外正式訪問。1978 年 11 月，他訪問新加坡，「看到中國未來可能的景象」，[36] 幾個月後他去美國，是 1949 年來第一位到訪的中國領導人。[37] 兩次訪行都留給他很深的印象，或許也引發他早年的回憶——他曾在法國留學多年。[38] 據中國官方的記載，這幾次訪行帶來啟發，從此開始中國「走出去」的策略。中國官方文獻記載：「從那時起，中國告別了封閉，踏上面向世界，面向未來的道路。」[39]

在中國，「開放」成了追求改革的時興用語，一面發展，一面從良好實踐、國家現代化及與世界交流累積經驗，按現任領導人習近平的說法就是「中國特色社會主義」。[40] 企業也在擴大開放之列，投資海外受到鼓勵（雖然在改革之初，企業海外經營仍需經過國務院直接審批）。國務院指定 120 家國有企業當「國家隊」，帶頭推動中國企業國際化，為要達成目標，也提供高規格的政治支持和財務補助。[41]

2002 年，國家主席江澤民在中共 16 次全國代表大會上講話，發表中國開放的新階段，他在會中鼓吹中國企業積極參與外國市場和外國。江澤民說：「實施走出去的戰略是對外開放新階段的重大舉措。鼓勵和支援有比較優勢的各種所有制企業對外投資，帶動商品和勞務出口，形成一批有實力的跨國企業和著知名品牌。」[42]

中國的「走出去」（也稱「走向全球」）是一個多面向的政策倡議，用意在鼓勵商業化的公司與外國企業建立合夥關係，取得海外公司股權（通常是少數股權），或爭取合約（大部分是大型基礎建設工程）。[43] 這方針結合商業和外交目的，符合經濟文獻中經常列舉推動企業海外投資的四個動機：取得珍貴的原物料和能源；熱中於更有效率、低成本的程序；拓展新市場；收購新資產。[44]

首先，**當局希望方便中國企業取得石油、能源、原物料，以滿足國內對主要資源與日俱增的需求。** 這類投資大部分在資源豐富的開發中國家。2011 年至 2014 年間，中國總共斥資 730 億美元收購油氣資產，並投資開採事業，分別在中東、加拿大、拉丁美洲[45]；又砸下 900 億美元和多國取得雙邊貸款換取石油的交易（包括俄羅斯、巴西、委內瑞拉、哈薩克、厄瓜多爾、土庫曼）。中國海洋石油公司 2001 年特別忙碌，併購遍及安哥拉、巴西、赤道幾內亞、印尼、肯亞、緬甸、奈及利亞、烏干達。2011 年，中海油以 21 億美元併購已聲請破產保護的加拿大油砂業者 Opti Canada。[46]

走出去也是**引進市場導向措施，幫助虧損的國有企業轉為現代化且講效率的途徑**。如江澤民在中共的「16 大」講話所說，應該「通過市場和政策引導，發展具有國際競爭力的大公司和大企業集團。」[47] 對當局來說，走向全球並推動國企對外進軍國際市場，為的是要使他們更有競爭力，這是國企整體改革的一環（下一章詳述）。

2004 年，轉型明顯倒向第三個動機——**打進海外市場**，尤其是工程和營建業。走出去的政策引導拓展新市場，並為許多中國企業建立國際版圖。其中若干例子可見，許多海外投資目的既是為了取得資源，也為了拓展新市場。近幾年來，企業漸漸著重第四個動機，利用他們的財源或是合併或是收購海外企業的主要股份，為的是要**提升他們的非金融資產**（像是科技、品牌、市占率等）。譬如，總部設在杭州的吉利控股集團 2010 年以 15 億美元買下瑞典富豪汽車（Volvo Car）。因這次併購，吉利掌握富豪享譽已久的國際品牌、技術、以及全球經銷網路，但也承擔了嚴重的財務包袱。在併購前的三年中，這家公司平均每年稅前損失 18 億美元，銷售淨額衰減近 20%。[48]

　　中國對外投資還有第五項有點特別的動機：**透過金錢外交結交朋友，順便取得商業利益**。國有企業這方面在國家策略的考量往往優先於企業目的，[49] 這使他們比民營企業更願意投資於政府績效不強、治理不善、主權信用也欠佳的國家。譬如，中國 2014 年與辛巴威簽署 20 億美元的交易，興建煤礦、發電廠、水壩、以換取辛巴威未來的煤礦收入。同樣地，對俄羅斯 300 億美元的融資，也以部分石油銷往中國作為擔保。

　　這種考量是違背常情的，也與政治風險高形同吸引力低的外國直接投資原理互相抵觸。投資到經濟差、政治治理也差的國家，是一個風險很大的策略，讓中國跟其他投資者一樣，曝露於虧損的危險，尤其像現在油價和原物料價格都低的時候，容易增加部分產油國家違約的風險。

　　舉例來說，石油占出口 95% 的委內瑞拉，2014 年以來全國就陷於極度困難，GDP 2015 年初來下滑近 6%，通膨率超過 100%。為此，習近平 2015 年 1 月訪問委內瑞拉時，同意除了 2007 年答應 500 億美元的信用額度外，再投資 200 億美元。[50]

　　在以上這五種彼此相關動機的推動下，中國 2001 年加入 WTO 後開始對外擴展版圖。中國成為 WTO 的會員，不僅提供了環境和法規架構，也讓「走出去」的策略擁有合法地位。同時，因放寬外匯管制，也更積極協助計劃對外拓展的

企業，帶動推向國外的外國直接投資，2001 年至 2008 年間由 470 億美元增為 1,100 億美元[51]，然而仍遠低於 2008 年同年外國對中國的投資（近 4,000 億美元）。[52]

中國對外直接投資在 2008 年至 2009 年的全球金融危機暫歇，到了 2010 年又開始回升，尤其是對已開發國家的投資，危機反而產生一些可遇而不可求的投資機會，也削弱了原本阻止外國（尤其中國）「買下半壁江山」的政治障礙。[53] 外國直接投資勢必繼續增強：2016 年至 2020 年的十三個五年規畫一如早先規畫，鼓勵中國資本「走出去」，這是吸引外國投資和對外投資「雙向開放」的一部分。[54]

至於中國的對外投資去了哪裡？不計持續流入避稅天堂（特別是開曼群島和英屬維京群島）和經由香港轉往其他目的地的這一大部分，亞洲是最重要的目的地。2014 年，中國對亞洲國家直接投資總額為 1,160 億美元，占全部總額的四分之一。[55] 在亞洲不計香港，新加坡是最大接受者，其次是越南和巴基斯坦。近幾年來，投資緬甸、印尼、柬埔寨、泰國的金額也在增加。亞洲之外，德國、美國、英國是最大接受國，各占中國 2003 年來對外直接投資的 12%、9%、5%。

最吸引中國投資的產業中，以服務業（包括貿易和金融）最為突出，占總投資近 60%。製造業的投資也很顯著，占總投資近 40%，而對農業的投資很小。對服務業的投資集中在高所得國家，這符合重在取得市占率以及創新技術和國際品牌等非金融資產的投資動機。另一方面，中國對天然資源業（金屬、煤炭、石油、天然氣）主要投資於低所得國家。

這些年來，中國企業陸續取得外國許多事業的股權，從銀行到船公司都有。在 2015 年，對外併購活動共計 382 件，規模將近 670 億美元，件數和金額較上年各增 40% 和 21%。[56] 然而，彼德・諾蘭（Peter Nolan）認為，這些公司並未參與大型併購（併購富豪汽車約 18 億美元，金額算小），而在已開發國家併購企業的努力，經常以失敗告終。[57]

這樣的歸納法有一個例外，就是 IBM 個人電腦事業被總公司設於北京的科技業者聯想所併購。

聯想付出 12.5 億美元的代價，收購生產 ThinkPad 筆記本電腦的製造事業並接收 IBM 5 億美元的債務。這宗交易尤富象徵意義：一家名不見經傳的中國公司買下一個很有代表性的美國品牌，也將聯想推向國際舞台，成為銷售量世界第三的電腦製造商。那時《金融時報》給予好評，讚揚這樁交易為「新經濟時代的象徵」。[58] 然而，IBM 個人電腦事業在日益競爭的市場獲利力低，不禁令人懷疑，假如被併標的很成功的話，這樁併購會不會引發政治性的爭議。[59] 規模相當的還有吉利收購賠錢的富豪汽車：假如富豪是一家獲利的公司，買下這麼一家西方標誌性的公司會更有政治爭議。不論如何，諾蘭認定，比起世界主要業者的手筆，大型中國企業併購的規模都算小。譬如，就在富豪汽車以 18 億美元成交之際，總部設於倫敦的啤酒釀造和飲料跨國公司 SAMiller 宣布以 104 億美元併購澳洲啤酒業者 Foster's。[60] 較近的 2015 年，SABMiller 又被百威英博（Anheuser-Busch InBev NV）以 1,060 億美元的代價買下。[61]2016 年 2 月，中國化工出價 430 億美元想收購瑞士農藥大廠先正達（Syngenta），若交易順利，即可成為中國企業歷來最大海外併購交易，也代表中國企業對外展開更大手筆交易的新紀元。

中國對外投資近來轉向銀行和金融業。這類併購的規模仍有限度。譬如，2014 年 12 月，中國證券公司海通證券以 3.79 億歐元收購葡萄牙破產的聖靈投資銀行（Banco Espírito Santo）。幾個月後，在 2015 年 2 月，中國工商銀行敲定 6.9 億美元買下標準銀行（Standard Bank）英國子公司的控股權。中國的銀行也頭一次在倫敦擁有顯眼的交易大廳。[62]

很多工業國家和開發中國家無不對於和中國商業和金融連結太過緊密，感到憂心忡忡。他們擔心中國企業經常展現巧取豪奪的心態，也擔心關鍵科技能力外流。另外，正如中國海洋石油公司收購 Unocal 失敗的例子，可以看見，中國國企取得有戰略性質的企業收購顯著的股份，西方國家會面臨強大的政治壓力。[63] 中共對這些國有企業治理上的影響力，是西方政府和國民不放心的主要源頭。[64] 他們覺得，中國的策略利益與他們和他們鄰國的利益是經常紛歧的。

¥ 開發融資

這些年來，中國已是全世界開發融資的最大貢獻國，也製造更多不安，接受融資的國家對於北京的開發融資布局尤其惶恐。有的支援甚至開出特別優惠的條件，且「沒有附加條件」，不少人解讀等同支持非民主和壓制性的政權。

這方面數字不明，但有人估計在 2009 年至 2010 年間，國家開發銀行和中國進出口銀行簽約允諾大約 1,100 億美元，給俄羅斯、委內瑞拉、巴西在內的政府和企業。2005 年以來，據估計中國也承諾逾 1,190 億美元給拉丁美洲國家和企業。而在 2010 年，對拉丁美洲的放款竟超過世界銀行、美洲開發銀行、美國進出口銀行的總和。[65] 中國從 2009 年至 2012 年也提供 100 億美元的應償長期放款給非洲，而習近平 2013 年在非洲的首度海外訪行中，又承諾到 2015 年放款增加一倍至 200 億美元。[66]

金援外交促進北京和許多開發中國家的關係，也加強中國所扮演除美國主導經濟外交和「華盛頓共識」以外的替代角色。很多國家雖然樂見中國投資可激發本身的發展；也有國家對太接近中國表示顧慮，認為就經濟規模、金融資源以及地緣政治地位而言，雙方實力懸殊，也因此存在風險。

「亞洲基礎設施投資銀行」和新開發銀行（這兩家由新興經濟體發起的新多邊開發銀行，總部均設於中國，中國也是後者的創始成員）2014 年成立，中國走出去毫無減速的跡象。最初在 2013 年推出的一帶一路倡議，中國領導人 2015 年再以古文明連結歐亞的絲路現代版訴求加以宣揚，將帶來更大的刺激效應。

漸漸明朗的是，中國有意挾其龐大財力來擴大鞏固在亞洲和歐洲的勢力，一面讓中國掌握重要的市場，一面也爭取盟友，在兩大洲抗衡美國地緣政治的影響力。（值得一提的是美國也正推動兩大超區域貿易協議：與亞洲國家但排除中國的跨太平洋夥伴協定〔TPP〕，以及與歐盟的跨大西洋貿易與投資合作夥伴關係協定」〔TTIP〕。譯按：在美國新一任的川普總統上台後，情勢有變）。但「對外消耗財力，國內金融體系卻不健全、貨幣也矮人一截，仍有為數可觀的人民活在國際貧窮線之下」，這對中國有意義嗎？

在下一章，我會討論中國如何轉型並累積龐大的金融資源，卻付出代價，演變為**金融壓制**和**資本分配無效率**的體系。

THE PEOPLE'S MONE¥

金融壓制的
經濟體

中國是個儲蓄大國，卻有龐大負債。
至終，人民幣邁向國際貨幣的發展也
受約束。

　　中國隨全球經濟一體化轉型下來，平均每人年所得顯著增長。按名目計算每人所得約有 8,500 美元，中國如今已成為中等所入國家。就像一般曾經深陷貧窮的人一樣，中國人也大量儲蓄。

　　這些年來，貨幣當局把這些儲蓄投入國家產業轉型，不過也要確保借債者的成本仍低。存戶感到利息被壓縮，於是開始尋覓比銀行存款更佳的報酬：先是投資房地產，然後漸漸投入所謂的影子金融體系的工具——以財富管理產品型態所呈現未在規範之列的借貸。

　　但是報酬高，風險和波動就高。很多投資人不夠清楚如何取捨，從 2014 年底山西匯鉑金投資公司這一家小型資產管理業者所發生的例子可見一斑。那一年 12 月初，外傳這家公司出現財務危機，公司負責人潛逃。憤怒的投資人聚集位於太原的公司，要求當局介入，幫助他們討回資金。有的是個人，有的是全家，把積蓄投入山西匯鉑金的財富管理產品，原本每年允諾可拿 14% 到 18% 的利息，如今合計恐怕有人民幣 1 億元血本無歸。

　　但民眾促請政府出面無效。幾個月前，中國人民銀行和商務部即警告投資人「有擾亂秩序經營的問題」，強調「大量的非融資擔保企業並未從事擔保業務，甚至違法受理存款、非法集資、非法從事財富管理和高利貸」。[1] 最後，當局放任山西匯鉑金倒閉，明白表示中央政府不會紓困金融業。

　　像這樣的例子層出不窮，加上中國股市 2015 年和 2016 年急劇向下整理，引起國際關注，留意到中國金融銀行業的狀況和發展人民幣為國際貨幣之間的內在矛盾。山西匯鉑金所代表的影子金融，乃是中國金融業規範儲蓄選擇有限，以及存戶追逐比存款更高回報投資的結果。存戶選擇不多，與供應國內製造業和經濟成長的強大金融資源，兩者形成鮮明對比。兩者的趨勢，也是中國金融壓制發展模式之下的明顯特色。[2]

在中國**金融壓制的體制**下，存戶投資的去處按政府的指示及管制，存款戶除了本地銀行外別無選擇（比方說不容易把錢匯到海外）。一般來說，政策限制存戶靠存款特別是銀行存款所能得到的回報，如此銀行便可以提供便宜的放款給國有企業和民間業者。因此，這些政策導致資源由存款戶轉移借債戶。金融壓制所指的就是「政府實施政策，來傳導資金至所要的方向，在未規範的環境下，這些資金原本會到別處」。[3]

「金融壓制」（financial repression）一詞首創於 1970年代，用來指開發中國家所施行抑制增長的政策，而在近幾年，這詞也擴大適用於已開發國家。在中國的情況來說，金融壓制不在抑制成長，而在提供充足的金融資源來強化景氣。政策包括對利率設限、抑制跨境資本流動、並拉高法定準備金。[4] 從這個角度來說，金融壓制成了中國經濟成長模式的固有元素，不僅帶動中國由計畫轉向市場，使經濟轉型，且只費了一代的光陰就成為全球強權。

然而，金融壓制也形成金融資源龐大的誤置，支應太多賠錢的計畫，民間企業卻有很多有前景的計畫得不到資金。

生活水準得不到提升，存戶的資金回報不佳，只好存得更多。銀行業走向有效率和透明化的發展受限，資本市場流動性和多樣化也被抑制，使存戶別無選擇，讓影子金融得到滋養。矛盾的局面於焉成形：中國是個儲蓄大國，卻有龐大負債。至終，人民幣邁向國際貨幣的發展也受約束。要了解原因為何，我在本章會深入討論金融壓制，在中國壯盛的經濟成長中如何運作，尤其，不僅建立也維持了國有企業和銀行之間的關係，以及影子金融是怎麼壯大起來的。

¥ 低利息和放款配額

　　金融壓制是出於對龐大廉價資本的需求，這些資本可用於支應中國經濟發展策略中的重大計畫，或分配好處或花錢來買認同。中國金融壓制的主要運作機制是利率，其功能不在分配儲蓄於投資，而在確保國有企業有充足的廉價資本。

　　多年來，當局既管制最高存款利率（銀行給予存戶的利息），也管制最低放款利率（銀行給予借貸者的利息），其中存款利率低到足以讓銀行壓榨存戶來賺取利潤，甚至不如通膨率，尤其利率始終落後通膨率。這是 2004 年以前行之多年的作法，人行之後才隨通膨率來調整名目存款利率。[5] 由中央制定利率，可確保銀行不會為爭取存款彼此競爭，也能給予相當優厚的放款條件（另外，銀行也不會要求貸款要有嚴苛的擔保）。結果導致存戶補貼借貸戶的體系，前者形同將大半資源讓給後者。這也反映於借貸成本顯著下滑的現象，尤其 2008 年以後因應全球金融危機而降息，更是如此。譬如 2004 年至 2011 年間，平均借貸實質成本降到只有 3.2%，相較於 1997 年至 2003 年的 6.2%。（目前為 2.9%。[6]）

以金融壓制追求低利率，造成中國邁向市場導向經濟體嚴重的後果。首先，**中國多年來利率相對於經濟成長率始終太低**，也助長授信大幅增長。2004 年授信占國內生產毛額（GDP）大約 140%，2014 年更高達 170%。[7]家庭持有銀行存款同期成長較小，2004 年約為 75%，2015 年達到 77%，但比起其他國家、無論是已開發或新興經濟體都高多了。[8]這體系所導致的矛盾結果是，縱使制度苛扣存款的回報，儲蓄仍然過剩。正因為存戶別無選擇，銀行便可以倚靠這群存戶「囚虜」，還能縮減存戶可拿到的利息所得，也不怕失去客戶。同時，由於個人和家庭從存款得到的回報太差，往往還得擴大儲蓄，才能達到他們財務規畫，比方子女的教育費用或為寬裕的退休作準備。所以，儲蓄的規模不斷擴大，也繼續抑制家庭的消費成長。[9]

低利率也形成廉價授信的充沛供應，導致授信嚴重扭曲。各大銀行發現自己滿手低品質和逾期放款，一旦經濟轉差，勢必難以招架，不是無力償還，就是撐不過流動性危機。為保全充足資本，他們實施低存款利率，將負擔轉給存戶，讓這體系延續下去。

這裡沒有贏家，就連以極優惠條件借貸的企業也是如此。不論是因為利率很低或是因為虧損可以靠補貼來幫補，這些企業往往過度借貸，很少考量效率和獲利力。很多企業形成高度槓桿而且無法維持財務狀況。

　　中國低利率和金融壓制體制下，最後結果是立下並維持國有企業和大銀行之間的關係。這些機構間的關係是中國國有制度的支柱，也是兼具計畫和市場的一大特色——國有企業本身即是中國計畫經濟體制根深柢固的一環。

¥ 國有企業以及政府在經濟中的角色

　　毛澤東於 1950 年代推出中央經濟計畫，接下來幾十年，國有企業成了中國經濟體制的中堅力量。到 1978 年，國有企業占工業總產值 80%，提供全部產業 70% 的就業，掌握大部分工業固定資產，並支配大部分服務業的組成分子。[10] 這些企業既無效率又虧錢，不僅持續阻礙公共資源，也讓雙軌訂價體系繼續存在，還形成貪污腐化的極大誘因。（譬如，一個商品在計畫訂價機制之外可賣到比貴上五成到一倍的價格。[11]）這些公司沒有財務自主權，大部分的獲利都得上繳國庫。相對地，他們也會拿到預算補助，來支應大部分的固定投資，並滿足營運資本所需的大部需求。

　　改革派 1970 年代末期亟思轉變中國經濟，面臨的挑戰很多，既要改進國企，擴大非國企事業（城鎮集體企業、私營企業、外資企業），還要一面提升市場角色、一面不致大幅降低國有制。政治、社會、制度的諸多限制，尤其是沒有財產權，阻礙私有化的全盤規畫。因得保留國有制最大的制度特色，他們的策略就是大幅降低國有企業的家數，削減虧錢的，獎勵優良的。因此，一面致力於發展大型而有全球競爭力的企業，能比得上已開發國家同業，一面也確保中國關鍵產業和企業仍歸國有牢牢掌握。[12]

但在 1990 年初期，中國決策者開始明白所有制型態並非以國有為重點。1993 年，中共第 14 屆中央委員會第三次全體會議承諾要建立現代的企業體制，為小型國企民營化和中大型國企轉型有限責任公司鋪路。結果單單**隔年就有大約 8 萬家國有企業遭到淘汰**。這也代表中國制度建構的重大轉變，私營企業不僅得以設立，還容許在市場和國有企業公平競爭。

「第九個五年計畫」（1996 年至 2000 年）在私營企業擴散大幅邁出一步。1997 年，因私營企業對增進景氣、支撐成長、創造就業日益重要，當局開始准許銀行放款給私有企業。[13]（最後在 2004 年，中國憲法修憲正式認可並對私有經濟合法化，是中國社會主義市場經濟的重要組成部分，也和公有制享同等地位。）隔年，總理朱鎔基大刀闊斧振興核心國有企業，發動大規模重整，提升企業的效率和獲利力。

直到那個時候，這些企業始終位列部會等級，直接隸屬於國務院。朱鎔基將其中幾家挪出部會體系之外，其中有中國銀行、中國糧油、中國中鐵。這是推動這些自主化的第一步，有幾家接下來準備公開上市股票，其中經過一番清理，將可發展的商業資產轉移給準備上市的企業，把賠錢的事業留給原本 100% 的國有企業。這個不上市的機構將成為控股公司，掌握新上市公司 75% 的股權，確保所有權的優勢仍在政府手裡。（即使在今天，國營企業在股市掛牌，因為只釋出少數股份，政府一般仍保有控制權。[14]）到 1999 年，逾 1 萬家傳統國有企業（約占總數五分之一）轉型為政府控股的公司，國家仍是最主要或有支配能力的股東。這些新公司占工業產值近 40%。

這種處理民營化的方式，成為中國整個改革過程的典範。當局採納良好作法、規範和管制，也從海外引進市場紀律，毫不排斥外部壓力，但國家仍明顯保有掌控。這麼一來，中國的政治領導階層（尤其是前總理朱鎔基）就能間接地、等於以代理的方式，推動政治上窒礙難行、卻能由內部發動的改革。「民營化」就這麼完成了，且不必放棄國家對經濟的掌控。[15] 政府掌握主要股權，外國企業想藉併購在中國拓展就不容易，中國移動、中石化、寶鋼 [16] 等「**國家隊**」也因此享有爭取政府計畫的優勢。[17]

即使在今日，國有企業（以及從他們分出去的私營部門）的公司治理，仍由共產黨中央牢牢掌握。中共組織部任命大部分國有企業的三大負責人（黨組書記、總裁、董事長），[18] 國有企業大約八成的管理階層也由黨派任。政府和大型國有企業之間的領導階層也有「旋轉門」。[19] 舉例來說，樓繼偉接掌財政部長前，原任中國主權財富基金中國投資公司董事長。肖鋼擔任中國銀行和中銀香港董事長將近 10 年，然後 2013 年被委任為證監會主席（已在 2016 年去職）。

中共領導層界定國有企業和大型銀行的監管，藉此營造這兩大領域之間深厚的關係，兩者各有不同的政策目的。這個關係，既是金融壓制的中國體系的原因，也是結果。

¥ 中國的銀行業

在中國發展的模式中，銀行扮演供輸及分配投資的角色。像國有企業一樣，銀行也是中央經濟計畫體制下的直接產物，近 30 年也歷經不少轉化。

1970 年代末期，中國的銀行業是單調、大而無當的金融機構，扮演既是央行，但也單單只是商業銀行的角色，旗下逾 1.5 萬家分行、支行、辦事處。[20] 情況在 1983 年開始改變，國務院將央行和商業銀行的職能分開，成立了中國人民銀行，作為央行，並成立中國工商銀行，來作存放款。到 1980 年代中期，這部分機制擴大為四家國有銀行，掌握五分之四的所有存款，占所有銀行近 99% 的資產，也承作逾 90% 的放款。[21]

鄧小平改革之初，這四家「專門化」的銀行——**中國工商銀行、中國農業銀行、中國建設銀行、中國銀行**，負責分配經濟體內的授信。工銀主要放款給國企，以財政部附屬機關的型態運作；農行專門支持農業和鄉村工商業；建行是支應新投資建案的主要來源。中銀在 1979 年以前一直是人行附屬機關，執行所有型態的外匯交易，[22] 早在香港、新加坡、倫敦即設有分行。倫敦分行早在 1929 年即已成立，在毛澤東的年代的關鍵角色是管理外匯部位並安排短期的商業授信，也和許多西方銀行保持往來，以便處理與非共產國家貿易合約的金融細節。[23] 即使當年中國與全球貿易和商務往來有限——1974 年貿易額只有美國的 6%[24]——仍需要國際銀行機制來結算貿易。

1980 年代中期開始，接連的政策放寬管制，促進開放銀行業，也建立對私營企業授信的管道。受到鄧小平熱中改革開放的影響，政府漸漸容許民間的資本提供者，也正視金融業要有一定程度競爭和開放的問題。這個構想，是要利用國家的金融機構為管道，提供融資給民間企業家，其中有自農業轉型的鄉村創業者，也有對外做貿易的私營創業者。離文化大革命結束不過才幾年，這種顯著擺脫過去作法，可謂不可思議的突破。[25]

1980 年至 1988 年間，中國金融體系更有彈性，政府改革者指示銀行和農村信用合作社放款給新興私營事業。金融自由化主要的組成要素，就是公營銀行所採取的寬鬆和支持授信政策也適用於私營事業，有專為私營事業所設的金融工具，也默許這些工具的用途。

舉例來說，農行 1984 年授權對個體業者提供彈性利率，允許農行隨央行所訂的利率來調整償還成本，並取消對這類借債者的融資擔保條件。[26] 改革者也主動使若干金融機構轉型，降低對農村信合社的掌控，並允許私營業者進入市場。藉由這些措施，當局確保農村經濟有充足授信，這樣的作法也符合中國經濟轉型的政治指示。同樣的措施也在城市信合社施行，有人行正式授權。

　　一直到 1990 年代，當局藉擴大銀行的數目和型態來不斷擴大授信。全國多成立十多家合股銀行（包括中國民生銀行，第一家民營股份制銀行），這些銀行的股東從私營企業到國有企業都有。80 年代中期主要貸款給城市集體企業的城市信合社，經整合成立城市合作銀行，並成為小型私營企業主要正式融資管道。這類放款活動迅速擴增，1995 年底為止流通在外授信總額達到 1,930 億美元。[27]

　　1997 年，中共第 15 次全國代表大會發布正式許可銀行貸款給私營企業的措施，尤其對在快速崛起的地區和城市地區的中小型企業。銀行獲指示要依違約風險和合法借債者的經營前景來決定放款，於是也帶動城市商業銀行的成立，像是上海銀行和北京銀行，原本都是城市合作銀行。這些銀行穩定擴展，貸款給國有銀行嫌規模太小的私營企業。[28] 因專注於私營事業存戶（主要是個體和非公營企業），這些銀行得以和國有銀行和其遍布每個城市的龐大分行據點互相競爭。（1994 年，國有銀行共有將近 15 萬個分行、支行、以及各種型態的辦事處，大部分位於城市。[29]）

　　大體上，當局發展銀行業並取消部分授信的獨占規定後，銀行的態度和文化也變得更親商、更願意支持私營客戶。另外，當局也加強金融機構的內部管控並容許私營業者在提供金融中介服務上更大自主。

　　結果銀行業（連同經濟）轉向更市場導向的體系。但銀行數量和型態增加，並未稀釋四大商業銀行在中國國內經濟的支配地位，銀行體系資產的占有率有 44%，[30] 若加上目前列為第五大商業銀行的交通銀行，比率增到 48%。正如經濟學人拉迪（Nicholas Lardy）形容，這種占有率反映了集中化的現象，類似美國前五大銀行──摩根大通銀行、美國銀行、花旗集團、富國銀行、以及高盛。[31]

因此，儘管若干深化的轉型和重組，已讓中國朝向更市場導向的體系，[32] 中國仍未完成接受全面的金融自由化。金融壓制以放款配額和利率設限的形式仍舊存在。甚至在中國為加入世界貿易組織必須開放銀行業給外國競爭，而在 2006 年末實施了一些措施之後，並未根本轉化這些大銀行。他們依舊是配合政府目標的工具而勝於純粹商業經營的個體。

¥ 國有銀行和國有企業間的糾葛

藉著對存放款嚴密的管制和授信的配額，貨幣當局掌管國內經濟授信的分配，並確保由銀行體系流入國有企業的資金暢通。銀行和國有企業之間連結，帶來惡性且積弊甚深的後果。

有一個可預見的後果就是，想取得銀行貸款，最有用的不是信用評等和穩當的擔保品，而是政商關係。國營銀行經常按地方黨部和政府的「要求」來放款，用來支持他們所屬意的專案。有很多情況，這些案子並未經過中央政府核准，因此，並沒有央行撥放資金下來供放款所需，因此銀行支應這些借款的來源，不是央行的專款，而是靠大眾來的存款。

這些國有企業借款超過負荷，甚至借錢來應付日常營運需求，若不利用低利資金，反正也會倒閉，使問題更加惡化。在政府要求配合國有企業的龐大壓力下，就連虧錢的國企也不例外，銀行落到背負龐大且愈來愈大的逾期放款和倒債的隱憂。據前人行行長戴相龍的說法，國有銀行 1994 年有 20% 的呆帳，這比率 1997 年增為 25%，2000 年達到 35%。[33] 拉迪估計，截至 2003 年逾期放款占所有流通在外放款的比率恐已高達 25%，使大銀行瀕於失去償付能力的險境。[34]

逾期放款結果導致國有銀行資產品質惡化，無形加重了賦稅負擔，因為當局經常得介入注入公共資金來清理銀行的資產負債表。

2003 年至 2005 年間，隸屬於中投公司的國有投資公司「中央匯金」，在四大銀行上市以前動用外匯存底注資約 800 億美元：對中國銀行和中國建設銀行各注資 225 億美元，對工銀注資 150 億美元，對農行注資 190 億美元。

銀行業過於注重對國有企業的放款，也排擠了私營企業，讓民營公司和一般家庭難以取得金融資源。所有銀行流通在外的放款，約有 40% 貸給國有企業，33% 貸給地方政府，剩下不到三分之一留給民間事業和家庭。[35] 既然銀行業無法滿足民營業者的需求，特別是農村地區的業者，他們就轉而依賴非正式的金融管道。（我在本章末了會更完整討論這種轉向**影子金融**的趨勢。）如此漸漸成了一種惡性循環，既不重視公營以外的企業，就不太需要發展評估借債者信用所需的技能。他們仍只是想辦法如何分配放款。況且，他們對潛在借債者償還貸款能力也無從取得可靠的資訊，因為他們缺

乏借債者的素質狀況，[36] 也沒有信用紀錄來當分配放款的依
據。

這個現象近幾年來已有改善，國有企業和大銀行漸漸淡
化彼此的連結，銀行決策普遍採用商業規範，譬如會評估一
家公司獲利力，作為是否給予貸款並決定貸款規模的標準。
[37] 正因為這些改變，中國私營企業如今得以比改革前期更容
易取得貸款。然而，仍不乏若干國有制度下協助企業取得銀
行融通的情況，只是沒有以前厲害。而政商關係在放款給私
營企業的決策上仍有不小分量。銀行業偏袒國有企業，持續
從根本扭曲資本分配，也限制私營企業取得資本。這有礙競
爭，也不講效率，減緩中國邁向更市場導向經濟體的轉化。

¥ 銀行和資本市場

企業尋求金融資源，除銀行之外，最明顯的管道就是資
本市場。然而，這市場也是銀行的天下。因此，當地股債市
發展的速度，尤其比起經濟成長的快速，更是緩慢得多。

舉例來說，在股市，政府掌握的持股太過龐大，限制了
供給。可交易的股票只占股市總市值約三分之一。另外，由
於政府經常應證券業所請、或為穩定預期心理 而干預市場
（陸股 2015 年夏即是如此，2016 年再度發生），普遍對股
價的觀感是容易被人為炒作。上海證交所的規模正反映了這
些限制，就市值而言，其規模是中國 GDP 的 45%；相對地，

紐約證交所的規模是美國 GDP 的 91%。

　　中國的債市也同樣和政府彼此牽連，雖然 1990 年來頗有成長（目前約人民幣 30 兆元，是全世界第三大[38]），發展上仍然依靠、或受限於國內集資，主要來自政府和政府相關機構。由於政府債務較小（只占 GDP 40% 多），流通在外的政府債券僅人民幣 10.7 兆元。[39]公司債市場發展更慢，且幾乎是國有或官股企業的天下。譬如，在 2015 年上半年，在中國國內債市由私營非金融企業發行的債券金額達到人民幣 5,290 億元，只有大約 GDP 的 0.8%。[40]比起美國公司債市場目前將近十兆美元、占美國 GDP 60% 的規模，根本微不足道。

　　正如在股市的角色，銀行也在債市占有顯著地位，兼具三種角色：他們是**債券主要發售者，是債券最大買家，也是中介機構**。中國農業發展銀行、國家開發銀行、中國進出口銀行成立於 1994 年，視為所謂的政策銀行，因為他們的角色是支應經濟發展、貿易，以及政府主導的計畫。再加上財政部和人行，他們發行占中國市場 78% 的債券。政策銀行並不具備商業銀行的功能，也不准持有任何民間存款。發行債券是他們籌集足夠資本來提供放款的唯一途徑。

　　這些政策銀行和四大銀行在內的大銀行，也是中國債市的主要投資者。特別是四大銀行，是率先獲准經營銀行間市場的銀行，如今仍保有市場優勢。商業銀行持有約 68% 流通在外的債券；三家政策銀行合計持有約 10%；基金持有約 7%，其他市場參與者持有 14%，個人投資人受限於法規，參與債市者不多，僅持有 1%。

最後，銀行也扮演中介機構的功能，也因此幾乎完全掌控債市。銀行間市場是目前主要的交易平台，占全國債券發行量和交易量超過九成。只有機構投資人才可以參與批發、配額為主的銀行間債市，至於非金融的機構和個人投資人，仍受嚴格的限制。

當局有意發展資本市場並淡化銀行和債市之間的關係。譬如，中國的國際債券市場最近開放給外國央行和若干外國金融機構。但中國的資本市場要真正達到成為銀行業另一選擇的地步，還需要花很長的時間。發展並開放資本市場的根本問題，在於當局也得維持現有體系，這兩者彼此抵觸。

儘管當局瞭解像中國這樣快速成長經濟體在銀行業以外集資有多重要，他們卻擔心，若全力發展資本市場，家庭會從存款帳戶抽離資金，大舉增持股債，反而不利大銀行（也因此擔心很多國企融通無法維持）。

¥ 影子金融以及儲蓄大國的矛盾

銀行在中國經濟占絕對支配的地位，也妨礙了資本市場改革，尤其不利股債市的健全發展。若能正常發展，不僅有助改善風險的估價，也有利融通，這正是 2013 年中共的三中全會所強調的，也是 2016 年至 2020 年第 13 個五年計畫所重申的。目前的體制，非但難以排除、反而繼續強化金融壓制。結果，中國成了高儲蓄率國（家庭平均儲蓄占可支配所得比率為 41%），[41] 卻也是負債國。高儲蓄率和高負債事實上是一體兩面，不外是銀行業聯於國有企業所致扭曲，以及資本市場發展受限的結果。

　　因消費信貸取得受限，家庭不得不加強儲蓄，以支應購買消費耐久財之需。不單如此，公共醫療、退休、以及其他社會安全保障有限，加上薪資較低，家庭就得不斷儲蓄以自保。[42]1978 年，家戶總儲蓄約人民幣 210 億元，約為 GDP 的 6%。[43]2013 年底，約達人民幣 14 兆元，大約 GDP 的 23%。[44]

　　這些年來，不僅家庭積極儲蓄，企業也是如此。企業可以累積龐大財力，是因為很多國有企業實施低股利或無股利的政策。國內銀行自經濟改革初期以來所累積的龐大儲蓄，成為形成經濟和就業加速成長的貢獻主力。但因利率被壓低，存戶從儲蓄得不到什麼好處。

　　存戶和私營企業除銀行的儲蓄外可用的金融工具有限，結合信用快速擴張，帶動了未受規範的借貸和放款、也就是影子金融快速擴增。銀行、信託公司、保險公司、租賃公司、還有最近包括阿里巴巴在內的電子商務公司，以及騰訊在內的網際網路平台，都屬中國影子金融的一部分，當鋪和其他非正式的融資公司也是（連同網路借貸平台（P2P））。存戶就是在這裡透過像山西匯鉑金這種問題機構，靠所謂財富管理產品收取較高利息，平均約有 6%，高於銀行存款的 3%。或者，他們可以直接透過支付寶和微信把存款擺在「餘額寶」。

　　「支付寶」是阿里巴巴所屬的線上支付系統，「微信」則是騰訊經營的行動聊天應用軟體（app）。（餘額寶 2015 年規模約人民幣 5,800 億元， 成為中國最大、全球第三大的貨幣市場基金。[45]）

　　就四大銀行之外的銀行來說，影子金融是取得流動性的一種途徑。藉著這些財富管理機制集資，再撥給正常情況下不符國有銀行貸款條件的專案，比方說房地產建案，就是主管當局視為發展過了頭的。

　　這些放款經常在不列在銀行的資產負債表之內，因此不在監管當局的掌握範圍，影子金融也由此得名。只要借貸者還錢，借債者、銀行、財富管理產品的投資人，大家都得利。但借債者還款違約，銀行就無法付息給投資人。這會破壞投資人的信心，就不容易再吸引資金。沒有新資金，銀行就無法償還投資人的資本（影子金融工具往往期限較短，有時不超過三個月）， 而整個金字塔結構終會崩潰。正如前證監會主席肖鋼所說，影子金融「根本就是個龐氏（Ponzi）騙局」。[46]

　　儘管給人的觀感如此，從名字也暗示這是一種不明不白的事業，影子金融實體就組織和管理來說，卻有很多時候是中國主要銀行的一分子。

　　舉例來說，銀行成立並管理財富管理產品，也列為提供客戶的日常業務。存戶從銀行購買這些產品，也從銀行贖回，所以他們容易以為是同樣的銀行擔保他們的產品，因此很安全。但情況並非如此。工銀最近即明白表示，不會保障認購該行人民幣 30 億元的財富管理產品的投資人。話雖如此，影子金融仍是欣欣向榮的事業，2010 年規模 3 兆美元，2012 年兩倍於此。IMF 2014 年在中國報告中估計，影子金融占中國 GDP 的 53%。[47]

人行已在密切留意影子金融的擴張，2014 年在監管部門介入以前，財富管理產品發行金額將近人民幣 14 兆元，將近銀行存款總額的 10%。[48]2015 年止， 貨幣市場基金業管理的資金達人民幣 4.4 兆元，是 GDP 的 6.5%。[49]

因為影子金融在監管部門的監測之外，當局漸漸憂心，合法銀行會利用規範鬆散的財富管理產品，重新包裝舊放款並支撐求借無門的高風險企業和專案。為維持償債能力，銀行必須不斷地替企業和單位周轉債務，因為不幫忙企業會破產，銀行也會被拖垮。

當局憂心債務不是沒有理由的。中國總債務──政府公債連同金融機構、非金融機構、家庭的債務，2007 年以來爆增三倍，[50]目前已是 GDP 的 282%。這比率和七大工業國（G7）的債務／ GDP 比不相上下。

譬如，美國和德國的總債務各是 GDP 的 273% 和 210%，但一個開發中國家竟也這麼高，是前所未見的。[51] 債務增長的幅度也屬空前，2008 年尚只有 GDP 的 130%，那時全球金融危機方過，政府實施刺激措施（包括一項龐大的基礎建設支出計畫）。結果，企業和省級政府不斷堆積債務──地方政府債務由 2005 年 GDP 的 13% 增為目前的 33%。

出現如此速度和規模的信用擴張，歷史上從沒有一個經濟體最後不會遭受金融危機而經濟還能起來的。此外，民間舉債也增至 GDP 的 180%，公司債務占三分之二，這個比率大約接近上一次金融危機前的美國和日本。國有企業和地方政府債務累積太多，漸漸得靠影子金融來取得足夠信用來維持運作。（換個角度說，信用評等良好和資產負債表健全的企業不需靠影子金融。）

　　信用過度擴長、次級投資（尤其像房地產）， 逾期放款隨之增加，這都形成銀行危機的溫床。正如同 2007 年至 2008 年之前幾年在美國和西班牙的情況，貸款便宜、取得也容易，流動性過剩，招致風險被低估，也因此失衡逐漸擴大。然而，與這兩國不同的是，中國可藉金融壓制來保全這個體系，同時也小心翼翼控制資本流動並管理匯價（這是下一章的主題）。

　　中國雖然靠管理匯價保持出口產品便宜又有競爭力， 助長了國內經濟，卻也抑制人民幣成為國際貨幣的發展。

THE PEOPLE'S MONE¥

CHAPTER

4

中國：沒有國際貨幣的貿易大國

細讀美國財政部每半年一次就國際經濟和匯率政策所發給國會的報告，可以很明顯看出，中國龐大且繼續壯大的對美貿易順差，但又穩定的匯率……已讓美國財政部警覺並關切這種「貨幣操縱」。

中國式的發展模式，加上格外重視廉價資本（因此國內採取金融壓制）和低價出口（因此重視管理匯率，我在本章會討論），推動了實質經濟轉型。但這種特出的轉型卻和貨幣面的發展很不搭調。人民幣在國際上的使用[1]，無論當作交易媒介、記帳單位、價值儲存，都因有限度的兌換而受限，也導致中國銀行和金融業失去競爭力。

一個國家的經濟發展和國際地位之間的關係，始終充分反映在通貨世界上。凡能融入區域或全球的國家，無論在市場經濟和國際貨幣，都能運作無礙且較開放。儘管中國如今擁有準備貨幣的地位，但比起經濟的分量，貨幣的足跡仍微小得多。套句諾貝爾經濟學獎得主孟德爾（Robert Mundell）的話說，中國是一個沒有決決貨幣的大國。[2]

在美元之前，英鎊是全世界的關鍵貨幣，在大英帝國之內廣泛流通，用於報價、結算、並融通全世界最大部分的貿易。英國曾是第一個工業國家，是全世界最大經濟體（占全球國內生產毛額（GDP）約8%），也是強盛的帝國，又是國際貿易和金融中心。在曼徹斯特、雪菲爾、以及北英格蘭的工廠，需要原物料和半製成品來製造發動機、蒸汽船、火車頭以及鐵路，而日漸發達且繁增的中產階級成為消費者，對糖、咖啡、香料、銀、絲綢需求甚殷。1860年至1914年間，英國吸收了全球20%的出口。

英鎊當年是主要國際貿易和儲備貨幣，也成了金本位制的支柱，因為英鎊的匯價是標定在可兌換為黃金的基礎上。這是不在英國居住或執業的個人和企業保有英鎊價值的方式，他們人在海外，卻得持有英鎊以應付貿易和投資的需要。英國最初在 1821 年採取金本位制，其他國家有的是單金屬（銀）制（主要為德國邦聯），有的是雙金屬制（美國和法國在內）。大英帝國在貿易的支配地位影響其他經濟體，也覺得自己的貨幣體系有必要配合。統一後的德國也在 1870 年代改用金本位制。

大部分的貿易在倫敦運作，孕育了銀行和金融發展，英鎊也成為國際支付體系一個關鍵貨幣。英國也輸出金融資本，對外投資在 1880 年代開始蓬勃增長，最青睞美洲，其次平均分布至歐洲、亞洲、非洲、以及澳洲。到 1913 年，英國已是最大的資本輸出國，金額達 90 億英鎊，遠超過法、德、荷蘭。

直到第一次世界大戰爆發、匯兌終止以前，英鎊「就像巨人一樣跨越金融界」，[3] 讓大英帝國邁入 20 世紀仍然保持全世界經濟和金融中心的地位，其實，就國民總收入而言，英國在 1870 年代已被美國所超越；而就工業實力而言，1880 年也被美國超越，1905 年左右又被德國超越。但最連在 1947 年，英鎊仍占全球外匯存底大約 87%，第二次世界大戰後再過十年（英鎊被調降匯率 30%），美元在官方儲備才超過英鎊。到 1970 年代初期，原本大部分緊釘英鎊的，已改釘美元或加權一籃貨幣，而英鎊的商業角色也在石油危機期間一落千丈。

凱瑟琳・申克（Cathrine Schenk）在《英鎊衰微》一書認為，英鎊從全球地位向國家層次倒退速度減慢，是因為有國際流動性增加、通膨、地緣政治重新洗牌、國際合作的支撐。[4]

英國和英鎊之間，乃至於美國和美元（如第一章所述）之間環環相扣的發展，使中國的發展更加突兀。中國如今正如 19 世紀的英國、20 世紀的美國，是全世界最大貿易國家，在政治也是強國。但與英、美不同的是，中國沒有能反映並補強其國際強權地位的貨幣。在今天多極的世界經濟局面，美國的分量相對減弱，中國和其他開發中國家的分量增強。中國欠缺國際貨幣，就如美國貨幣獨霸一樣，既顯得異常，也不搭調。

在本章和下一章，我會探討大型國家沒有大型貨幣的矛盾。我認為目前的狀況，乃是金融壓制和中國所推行相關發展模式的結果，這些政策包括藉匯率管理來提升經濟成長和充分就業，並延續對資本流動的管制。匯率正是當今中國成長模式的一大關鍵。管理匯率的政策在中國運作良好，也的確在中國經濟轉型過程中功不可沒。

然而，政策卻也強化人民幣自我矮化的地位。我下面會討論，今天中國經濟發展已達到一個地步，管理匯率並累積外匯存底，所付代價愈來愈高，勢必難以為繼。

¥ 貿易和匯率：拆解氣塞體系

國際貿易需要國際貨幣，也就是說，能將國內的錢換成國際的錢，用來訂價和結算交易。在改革開放之初，中國這兩者都缺。當年外貿計畫的體制規定外國貿易公司所能採購商品（主要是生產財）的價格和數量，以配合計畫明文規定的國內需要。生產者的價格也由中央統一制訂，生產者無論賣給國內還是國外，拿到的是同樣的價格。市場行情也因此被壓制，因此，國際市場需求轉強不會有增產的誘因。[5] 世界銀行曾將中國在 1978 年以前的貿易機制定義為「**氣塞體系**」（airlock system），因為統一劃分國內外價格，保持了兩者的穩定。[6]

這種劃分，對進口的價格特別是如此，確保國內工業製成品與進口的工業製成品兩者價格相等，以保障中國本地產業，尤其是機械工業市場。進口訂價政策維持了由此形成的貿易機制，其根本方向是要讓國內生產的商品（進口替代品）取代進口商品。[7] 攸關生產國內市場所需製成品的進口生產財，占中國總進口約 90%，國內業者能以較低價格取得。這種做法讓大部分進口商品的海外價格和國內最終使用者毫無瓜葛。經過嚴密計畫的體系，也意謂外國匯兌的價格根本沒有機會影響進出口量。

為了保持較低的進口價格，中央政府將官方匯率訂得很高，並且維持不變。1955 年，人民幣匯率訂在 2.46 兌 1 美元，將近 20 年幾乎不變，但黑市的匯率是兩倍於此。[8] 人民幣匯價過高，形成外匯可在黑市以較好匯率兌換的過度需求，有點像黑市和官價之間的套利。因此，勢必得靠高度中央式的外匯管制體制來管好這種需求。這些管制也抑制中國和其他國家的貿易和互動，企業取得外匯不易，無論是用來支付進口貨，或把從出口賺得的收入兌換為人民幣，都不方便。

這體系與鄧小平貿易自由化的策略有所抵觸。他上台之初，出口按國內匯價是賠錢的，有七成陷於虧損。中國經濟日益倚賴進口（如大宗商品和半工業製成品）作為供應鏈的一環，便不能再堅持傳統的外匯管制機制。為了要支應進口以滿足正在壯大的製造業所需，中國勢得加速拓展出口以產生外匯。

深化國內價格改革，尤其是官方匯率的改革，是勢在必行的。第一步要**降低人民幣匯價，調降到不會破壞中國出口競爭力的水平**。人民幣在 1981 年降了將近一半，後來 15 年的降幅則小得多了。調降人民幣不僅受制於經濟考量（貨幣當局擔心調降人民幣會導致通膨），也受制於政治阻力，尤其得克服央行、國家物價局、國家計畫委員會的反對。[9] 當年中國的經濟模式以生產國內所需為主，匯率要強，才能保持原物料等進口品價格低到足以應付國內製造業需求。人民幣調降後，重心便由進口價格轉向出口價格，如此強化了鄧小平的發展模式，也確立官方匯率應以可支付賺取外匯的成本為原則。[10]

為便於外匯供需，中國當局 1986 年決定在主要城市成立外匯調整中心，或稱**「互換中心」**。這些中心在有過剩外匯供需的中國企業之間，按各方能接受的匯率來居中調節。這個政策代表中國正朝向建立市場機制來分配外匯，邁出極重大的一步。接下來幾年，這些中心更開放，也擴大在更多城市設點，也印證發展按市場匯率交易概念，建立國內外企業可以彼此兌換人民幣和美元，是十分重要的。[11] 換句話說，在這些中心，中國當局已建立外匯市場的雛形，能讓業者能在其中彼此交易。

人民幣又一次大幅調降，是在 1986 年 7 月，這次對所有外幣調降 15.8%。接下來幾次調降，使人民幣由 1990 年 11 月的 5.2 元兌 1 美元，降到 1994 年 4 月的 8.7 元兌 1 美元。後來匯率穩定在大約人民幣 8.2 元兌 1 美元，直到 2005 年 7 月，這也是中國加入世界貿易組織（WTO）時的匯價。穩定而可預測的匯率，對從事外貿尤其是出口業者是一大恩賜，中國出口品按美元計算也相對便宜。

¥ 釘住人民幣和管理匯率

廢止氣塞體系並調降人民幣，是正確的方向。下一步是轉向**更靈活的市場導向貨幣管理體系**。為此中國轉而採行貨幣緊釘政策。

各國央行和貨幣決策當局採用釘住貨幣政策，以控制匯率波動，並穩定全國物價水準。開發中國家和新興市場經濟體將自己的貨幣釘住一個國際貨幣（通常是美元），以「輸入」物價穩定，並賦予靠本身所無力達到的匯率公信力。尤其是，藉緊釘措施，這些國家既可降低匯率風險，也避免升值會破壞自己出口的競爭力。日本領教過這樣的危險，1980 年代中期至 1990 年代，日圓急劇升值不單降低出口業者的競爭力，還形成國內惡性通縮。[12] 緊釘政策對像丹麥這樣小而開放的經濟體也有道理，因大部分與歐洲區國家貿易，所以丹麥克朗 1999 年以來便緊釘歐元。

緊釘政策不利的一面，乃是一個國家貨幣政策會間接受到標定貨幣國、尤其是美國貨幣政策的牽連。譬如，若聯準會（Fed）採行較寬鬆的資金政策，導致美元匯率走貶，那貨幣釘住美元的國家最後恐怕也得「輸入」對自己國內情況太過寬鬆的貨幣政策。如此一來，脫鉤可給這個國家制定自己貨幣政策更大彈性。然而，中國開始討論轉而給予人民幣釘住美元更大彈性時（技術上所謂爬行釘住〔crawling pegging」，即匯率訂在一個區間內），主要顧慮還不在此。反而，中國的目的按中國人民銀行的說法是，「促進國際收支基本平衡，維護宏觀經濟和金融市場的穩定」。[13] 換句話說，中國必須讓**匯率機制更佳反映貿易比率**，尤其是對歐洲的貿易，並減少累積美元。

緊釘政策另一個顯著不利的一面是，必須**在外匯市場干預**才能讓匯率保持緊釘。對鄰國和貿易對手而言，這等同於以鄰為壑的政策。中國和美國就是這種情形，會令美國頗感不悅的不在於選擇什麼樣的匯率機制，而在於為維持匯率先釘美元後釘一籃貨幣所必須擺明實施的市場干預，但中國龐大貿易順差其實應該推升人民幣。若中國像美國和其他貿易國家一樣選擇浮動匯率，那龐大的經常帳順差（別忘了在全球金融危機之前中國淨出口約為 GDP 的 7%）[14] 會明顯少很多，因為較強的匯率會使出口更貴。國際間的貿易競爭國家認為，這種干預是在爭取不公平的優勢，藉保持匯率弱勢，實質降低了這國家的出口價格。

以中國來說，這幾年的匯率政策已造成美國很大敵意，也多次成為兩國關係的絆腳石。

細讀美國財政部每半年一次就國際經濟和匯率政策所發給國會的報告，[15] 可以很明顯看出，中國龐大且繼續壯大的對美貿易順差，但又穩定的匯率——如 2006 年報告所說「低估」的匯率，已讓美國財政部警覺並關切這種「**貨幣操縱**」。美國財政部甚至在 2005 年差一點將中國列為「貨幣操縱國」；若真被列名，這將是將近 20 年來頭一次有國家被冠上這個標籤，卻可能因此和中國爆發極大的貿易爭端。

但最後並沒有走到這個地步，就在幾周後，2005 年 7 月，中國官方大幅調整實施數十年之久的匯率政策：由人民幣釘住美元改為釘住一籃貨幣，央行每天會固定人民幣對一籃貨幣的匯價。此舉的確安撫美國國會一陣子，也廣獲媒體稱道（美國財長史諾公開讚揚北京的決定說：「我樂見中國今天宣布採取更彈性的匯率機制」[16]），但外交並非中國的主要動機，中國早在盤算一個更彈性、較不依賴美元的匯率安排，可以降低對美元的曝險，並縮減經常帳順差。促使改變的是中國平衡經濟符合自身的利益，而非來自美國或世界各地的施壓。[17]

中美之間緊張關係因此暫告緩解，但維持不久。儘管人民幣對美元 2005 年至 2007 年間升值 8%，美國國會又開始指稱中國匯率政策形同變相補貼出口，也因此為中國形成不公平的利益，違反 WTO 的規章。2006 年至 2007 年，舒曼

（Charles Schumer）參議員在葛瑞姆（Lindsey Graham）的支持下，向國會提案實施「中華人民共和國增生、生產、加工的所有物質，凡直接或間接輸美的，均隨價課徵 27.5% 的關稅」，除非美國總統能驗證中國「為避免實質形成國際收支餘額並獲得國際貿易不公平競爭優勢為目的」，已終止操縱貨幣。[18] 而在 2007 年，國際貨幣基金（IMF）成員國著手擬定監督各國貨幣的新辦法，美國財政部也表明熱切希望看到人民幣匯價被認定為「**根本性錯位**」（fundamentally misaligned）[19]。

經過一年來的你來我往，IMF 在 2008 年夏季擬妥對中國的一項「第四條」對中國的報告，其中指稱人民幣很大程度上是低估的。然而，就在最後報告發布前幾周，雷曼兄弟倒了，報告也未曾正式發表，美國也把中國貨幣的問題擱置一邊。[20] 同時，全球金融危機迫使北京中止人民幣釘住一籃貨幣，回到釘住美元，以加強貨幣穩定性，也將危機衝擊降到最低。這樣的改變無可避免地又引發與美國國會之間的衝突，尤其當焦點終於從危機轉移走了以後。

2010 年 6 月，[21] 隨來自美國國會的壓力漸增，中國貨幣當局轉回「實行以市場供需為基礎、參考一籃子貨幣進行調節的浮動匯率制度」，再度回歸人民幣釘住一籃貨幣。中國當局挑在 G20 多倫多高峰會前幾天宣布所謂「**改革匯率**」，雖暗示時機只是巧合，強調不會因 G20 國家對貨幣問題施壓

而有「任何差別」，[22] 但此舉的確化解美國準備將匯率列入
G20 議題所可能引發的對立。

人行 2014 年擴大交易區間，容許人民幣上下波動 2%，
此舉卻又引發操縱匯率的疑慮。中國貨幣當局開始每日固定
人民幣對美元的匯率，而藉擴大交易區間，容許人民幣升貶
更有彈性。然而，美國並不這麼想。

這些政策實施了幾周，人民幣對美元走貶近 1.5%，北京
操縱貨幣之說又起。美國財政部官員表示憂心，認為由此「改
革」可見，中國政策反而偏離原本類似市場決定匯率的安排。
[23] 美國財政部 2014 年對國會的報告點名人民幣「明顯」低
估，並強調有必要往市場決定匯率的方向持續進展，又說「這
包括避免在區間內干預，而當市場壓力推向區間邊緣時，也
要適度調整參考匯率」。[24] 美國國會也一如往常地只在意在
政策改變後人民幣匯價下跌，而不關心人民幣匯價往上的走
勢。

北京頻頻干預匯市，始終是與美國爭議的一大焦點。然
而，實施區間制，其實是人民幣邁向更彈性而更能反映市場
需求的一大進步。

中國釘住一籃貨幣的組成成分並未正式公開，每個貨幣
權重多少也不詳。這一籃貨幣很可能反映中國貿易的組成，
藉此達到匯率與主要貿易夥伴貨幣之間一定的穩定。

由於美國是中國主要貿易夥伴，美元又是國際貿易中
最常使用的貨幣，因此美元可能是這一籃貨幣中的最主要貨
幣。2015 年 12 月，人民幣被納入特別提款權的組合後，人

行覺得有迫切必要解釋整個體系如何運作，強調匯率並非自動調整以符合這一籃貨幣，也提到有些匯市業者「簡化」注重人民幣／美元雙邊匯率過於一籃貨幣。「今後市場主體不應只盯住美元，而應更多地參考一籃貨幣，當然這需要一個過程去適應。」[25] 儘管這長篇的解釋讓市場感到放心，認為人行有意願維持甚至加強匯率的靈活性，但大多是已知道的內容，仍沒有透露一籃貨幣的組成內容。

保持匯率穩定，並錨定美元為主的一籃貨幣，多年來成為中國領導人經濟策略的支柱，而這策略也符合擴大貿易的目標，因匯率穩定也對進出口大有裨益。但當經濟持續擴張，外國資金源源而入，人民幣的需求也跟進升高，尤其在全球金融危機前後兩三年更是如此。的確，當景氣擴張，這個國家所發行貨幣的需求也會增加，就業、投資、消費隨之增長。外國投資人也希望參與這茁壯中的經濟，帶來的結果往往就是貨幣升值。

貨幣當局為了避免匯率波動而過度升值，導致中國出口變得昂貴，不得不干預匯市，大量買賣美元，以轉移人民幣對美元的匯價。由於人民幣供給增加，會讓房地產等資產價格膨脹或泡沫化，央行就得抹除因干預外匯而在國內出現的貨幣流動性。這種操作通常稱為「沖銷」（sterilization），我們在下一章會詳細討論。

人行採用控制貨幣擴張的其他操作，包括提高大型銀行的存款準備金——2016 年銀行資本規定的準備金率升到17%。[26] 這些措施讓當局控制並調節人民幣匯率，2005 年至 2007 年間一年升值約 3%，2008 年升值 5%，2009 年至 2013 年底，人民幣升值略超過 10%。（同樣的措施也有助調節 2015 年到 2016 年的貶值。）

¥ 限制流通的貨幣

除了釘住和市場干預外，中國還有其他管理匯率的工具，特別是**限制資本帳**。在解釋這些限制如何控制匯率之前，我先來談談資本帳是什麼，又和經常帳有什麼不同。

資金會因為貿易交易和投資的關係進出一個國家。譬如，有貿易順差的國家（像中國）就會資金流入。經常帳記錄這些這類貿易交易（像是支付進出口的商品和服務）的資金流入和流出的結果；經常帳開放，意味這些交易所導致的資本流動毫無阻礙。同樣地，資本帳記錄因一個國家的外國投資（或減資）和居民對外投資（或減產）所導致的貨幣流入和流出；當一個國家的資金為投資金融資產自由進出，這個國家的資本帳就視為完全開放。

中國經常帳 2000 年初以來完全開放，這是加入 WTO 後改革的結果；但資本帳卻受限制。中國官方控制資本流動，乃是藉避免人民幣需求急轉，維持穩定匯率並確保金融穩定的另一方法。舉例來說，全球金融危機後幾年，美國利率降至為零，美元疲弱，中國經濟卻非常強健。若不限制資本進出，外國投資人會大舉轉進中國。這會帶給匯率很大壓力，進而推升人民幣的匯價。

　　此外，資本流動若不限制，對像中國這樣高儲蓄但金融壓制的國家會有問題。在第三章討論過，高儲蓄的結果是金融和非金融資產需求高漲，但金融壓制卻限制投資的機會和報酬。為了避免資本流動失衡，官方於是限制民眾可匯出和匯入國境的資金額度。

　　最終，限制資本流動的政策也是擔心若人民幣為非居民所持有，會很容易因外在衝擊而波動。比方說，若外在狀況有變，像是美國利率大幅調升，美元走強，可能誘使外國投資人拋售人民幣計價資產，轉投美元計價資產，如此可能引發股市崩跌或銀行擠兌，造成國內金融不穩。

　　然而，這裡要提醒的是，中國雖對資本帳設限，但並不像 1979 年以前那樣完全封閉。資金仍可以出入境，但進出資金的形態，更重要的是，可進出的金額有多少，都由官方決定。他們採用行政控制和管制來管理國內和外國雙方的資本進出。

　　資本流動要如何管制？中國企業可以持有或出售外匯，但只能透過指定的金融機構，且只能經過相關部門的批准，包括商務部、國家發展和改革委員會、國家外匯管理局。另外，若企業打算利用外匯在海外投資，須經官方核准，申請過程很花時間，經常要跑不同的政府單位。

　　譬如，金額 1 億美元以上的海外投資必須取得國家發改委批文，低於此數的投資則要經同省級發改委核准。[27] 個人投資也受限，譬如每年人民幣兌換成外幣的金額不得超過 5 萬美元。（但很多中國富人在海外大買房地產，可見有其他管道，像是透過非正式的兌換商或者虛報貿易單據，讓人民幣可以匯到海外。）

非中國企業若要取得人民幣計價的資產，或將人民幣的獲利或付款兌為外幣，手續更加繁瑣。除需國家外匯局批准之外，外國公司還得滿足諸多條件：所有稅負都要付清，過去會計年度的損失都得清償，交易須由合格銀行處理並擔保。[28] 另外，外國企業和個人都不得投資股票、債券、以及其他金融資產。居住在中國的非中國國民在銀行開戶的障礙和限制重重，不像居住在美國非美國國民，根本沒有這種困難。以上種種限制，都使人民幣兌換受限，也因此在海外流通也受限。

就像中國經濟其他方面，最近措施也鬆綁中外企業資本進出（儘管個人的資本流動仍大受限制）。這些措施主要在逐步解除長期資本流入的管制，也就是開放流入中國且投資人長期資本投資的資金，像是外國直接投資，這是基於假設這類投資往往波動較小，也不像債券和股票等短期間接的投資那麼容易受投機炒作的影響。開放先從流入資金開始，再依序是直接投資、長期債券、投資 法人。[29]

尤其，2006 年像推出 QDII（合格境內機構投資者）和 QFII（合格境外機構投資者）這樣的安排，建立了資金出入的小管道。QDII 讓國內金融機構，像是資產經理人，投資海外的股票、固定收益和貨幣市場資產，並出售納入海外股債的共同基金給本地投資人。[30] 反過來，QFII 允許外國投資人買賣在岸證交所人民幣計價交易的 A 股。這個方案的設計，一面是回應外部失衡和外匯存底快速增長的壓力，一面也因應國內證券市場強勁成長的情況，只是 2008 年在全球金融危機最高峰時，停止 QFII 審批新額度。2015 年 7 月，證監會將 QFII 額度由 800 億美元增為 1,500 億美元。

開放資本帳的過程乃是一個進展中的工作，目前為止的進展遠比開放經常帳緩慢。高海紅和余永定採用 IMF 定義下的資本管制歸類，顯示半數跨境資本交易（資本帳之下）是非居民和居民都可辦理的，半數是管制的。[31] 前者的比率近幾年已增到四分之三。[32] 而在 2015 年，人行行長周小川指出 40 個項目中有 35 項不是完全就是部分可兌換的。[33] 然而，與資本流動最有關係的交易不是仍受限制，就是仍得經過繁瑣的手續和批文。貨幣當局也因此繼續依賴資本管制來保護國內最脆弱的行業免受外部衝擊。藉由市場干預，他們控制住過度的流動性，也掌握大量無法被市場吸收的流入資金，這是考慮到國內金融業還不夠多樣化。

對資本流動管制所帶來的結果是，人民幣仍是不能自由兌換的貨幣，這限制了人民幣的流動性，也限制它發揮國際貨幣功用的能力。

THE PEOPLE'S MONE¥

的貨幣 自我矮化

過度曝險於美元是大有問題的,不僅因為中國的
美元存底的價值有損失之虞,也因為持有美元等
同於補貼美元。

人民幣不是一個發展完全的國際貨幣。從第一章可以了解，**國際貨幣必須能吸引外國人作為交易媒介，並作為計價和結算貿易交易的記帳單位；也必須能夠吸引全世界各地的個人、企業、政府願意持有作為價值儲存。**美元就是最典型的國際貨幣。

最近一次造訪尚比亞，我的導遊給我當地受理支付貨幣的排名：第一是美元，到哪裡都認可並接受，就連最偏遠的鄉村也不例外；第二是歐元，歐洲觀光客很多的大城和地區可用；第三是英鎊，因為曾是英國殖民地的關係，老一輩的人仍認可；最後是南非蘭德和當地貨幣克瓦查（kwacha）。中國是尚比亞最大貿易和投資夥伴，對中國出口約是尚比亞國內生產毛額（GDP）約 5%，中國直接投資是尚比亞 GDP 的 7%，然而，人民幣卻不在我導遊的「實用貨幣」之列。他解釋這只是需求和市場基本結構的問題：人民幣沒需求，也不容易兌換成「實用貨幣」。因此，沒有人樂意接受人民幣。

這段插曲，可謂人民幣欠缺國際地位的一個縮影。國際流通有限、流動性不足、支付機制也有限制。中國人以外的人使用人民幣匯兌的意願不高，因為需求、使用者網路、流動性都有受限。誰會冒險被一個沒有要收的貨幣給套住？

中國為這矮人一截的貨幣，也承擔一些成本。多年來，中國官方已留意到這些成本，特別是大量累積美元的相關成本，但直到最近，這些成本讓資本管制和匯率管理得到的益處所抵銷了：出口和國內投資均加速成長，進而使中國多年出現二位數字成長。但全球金融危機和經濟成長步調放緩以來，這些政策不利的一面漸漸明顯。隨中國發展邁向新階段，管制國內流動性和匯率是否仍有意義？要回答這個問題，需要深入探討，人**民幣抑制可兌換性和限制國際化對中國造成什麼成本？國際化又可帶來什麼益處？**第六章和第七章會探討中國的人民幣策略，並討論官方計劃更周延而複雜的改革時，為緩和局勢所設計的短期補救辦法。

¥ 用美元辦事的成本

人民幣無法通行國際，因此美元仍是中國貿易和金融關係上的基礎貨幣，也為了這樣的配合付出顯著的代價。譬如，出口商要把美元報價和人民幣報價之間的差異降到最低，他們用人民幣來支付本地薪資、租金、融資利息、水電在內的成本。當本地成本升高，近十年來即是如此（2005 年以來國內通膨平均一年漲 3.6%，2005 年至 2014 年都市薪資成本漲了兩倍[1]），美元價值就下跌，賣出商品按美元計價的業者就得小心別賠上利潤。2005 年每 1 美元價值的出口可拿到人民幣 8.2 元，如今只拿到 6.5 元。等於中國前百大貿易公司 2005 年 23 億美元的出口額，如今因為匯兌的總損失就有 40 億美元。

業者面臨另一個問題是，負債以人民幣計價（譬如外國人持有的外國直接投資），對外國的債權（像是官方準備）卻以主要貨幣尤其以美元計價。[2] 舉例來說，中國人民銀行擁有大約 9 兆美元的資產，也是價值約 9 兆美元的人民幣負債。當美元對人民幣貶值，人行就面臨損失，因為按美元計算負債增加，而債權則不變。[3] 再比方說，一家美國企業投資 100 萬美元，在 2005 年以前換成人民幣 820 萬元，如今若換回美元，單單因匯率升值就有 20 萬美元的獲利。不過，美國企業的利得，就是中國的損失。事實上，若以中國 2005 年 7 月的外匯存底計算，到 2014 年 1 月在人民幣走勢最強的高峰，理論上會有相當於人民幣 17 億元的損失。

美元在國際貿易缺乏，是中國面臨的另一個問題。對中國這樣一個貿易大國來說，這個關鍵國際貨幣的流動性在國際貿易中非常重要。在全球金融危機期間，各大經濟體央行都面臨嚴重的美元短缺，且集體採取前所未見的政策措施來化解流動性緊縮。[4] 雷曼兄弟 2008 年 9 月倒閉後幾個月，中國較去年同期貿易減退約 14%。如此萎縮主要反映中國主要外銷市場尤其美國和歐洲的需求下滑，但也顯示美元缺乏（因為美國銀行體系的瓶頸）對國際貿易形成的困難。這種流動性限制的意思就是，出口商無法輕易地將信用狀或銀行擔保轉兌為美元。因此，毫不意外，人行行長周小川主張解脫美元為主的貨幣體系，建議改為一個超國家貨幣：「由一個全球性機構管理的超主權儲備貨幣將使全球流動性的創造和調控成為可能。」[5] 但或許不必大舉翻修國際貨幣體系，以三到四個廣泛用於國際交易的貨幣為中心，形成多貨幣的國際貨幣體系，是否可以是降低流動性危機風險和衝擊的解決之道？

¥ 未成熟的人民幣

　　像中國這樣因出口和外國直接投資有出超的國家，可對外投資（藉金融和直接投資）來抵銷這些剩餘。英國在 19 世紀便是如此，民間企業和英國政府在全世界各地投資英鎊。當今德國也是如此，大舉放款給歐元區其他國家（尤其南歐國家）。麥金農（Ronald McKinnon）和施納布爾（Gunther Schnabl）把英、德稱為「成熟」債權國，這麼定義是因為兩國用自己的貨幣來放款。成熟債權國將外流的資本和對外國的債權用自己的貨幣來計價，債務須以此貨幣來償還，債權人也可避免匯率風險。[6]

　　中國雖有龐大的貿易順差，但人民幣兌換受限制，意味中國使用人民幣在國際上放款也同樣有限制，對外債權都以美元計價。這些年來，中國必須對外國人建立流動性高的美元債權（以美元計價的貨幣或金融資產）來抵銷貿易順差，近年來還漸漸實施流動性低的外國直接投資（對外投資包括用於設廠和其他實體基礎設施，也包括投入政府主辦的援助計畫和在政府控制之下的投資）。這種形式的放款，是未成熟債權人的代表特色，中國就是個例子。

　　這種放款模式，反映了人民幣內在且自我強加的限制。資本帳的限制和匯率不對稱的風險，都意味著央行就只能投資外國金融資產，卻得冒險堆積持有外國人的美元債權並累積美國公債。即使中國的商業銀行可以自由對外投資，他們仍得在人民幣存款和對外美元和其他外匯債權之間，面對外匯不對稱的風險。[7]

未成熟的貨幣會產生大量的成本，而成熟的貨幣卻會有極可觀的益處。首先，很多貨幣未成熟的國家尤其是開發中國家，常常受制於這個「原罪」而無法對外以本國貨幣借貸。他們可用美元在內的強勢貨幣借貸，如此有意願的債權人不會既有匯率風險又有違約風險（往往為此要求較高溢酬）。[8]與發展完全的國際成熟貨幣能以自己的貨幣借貸不同，未成熟的貨幣在國內貨幣產生的收入和國際貨幣計價的負債之間形成了不對稱，就好比說有一個國內專案產生的人民幣收入，卻在國際上用美元來籌資。一旦國內貨幣因違約風險上升而貶值，就會對未成熟貨幣國形成融資成本上更大壓力。

其次，若不冒外匯風險，未成熟貨幣國家很難分散國內的信用風險。這對擁有長期負債的退休金和保險公司問題更大。就成熟債權國的情況來說，外國企業和主權實體可以發行債權人國家貨幣計價的證券。這有助於成熟債權國的金融業者分散風險。譬如，一個美國退休基金可以決定投資由一家總公司在法國的大型製造業者發行的美元計價債券。在這種情況，投資人可以進出於外國市場而不必冒匯率的風險，就連付息也用美元。

第三，成熟貨幣國家可擴大對其他國家的官方債權以本國貨幣計價，如此可降低匯率整體的風險，但未成熟貨幣國家無此選擇。中國正擴大在亞洲、非洲、拉丁美洲的援助行動，也不斷在冒險，尤其就像在第二章所說，中國的債務國不乏經濟差而治理也差的國家。比方我在第二章提到的委內瑞拉，雖有龐大的石油資源，多年來經濟卻遲遲無法上軌道。即使支持委內瑞拉招致極大風險，中國依然承諾提供貸款和補助給這個拉美國家。但是油價持續低迷，使中國陷於逾期甚至倒債的莫大風險。

　　若中國能以人民幣計價提供放款，排除匯率風險，中國便能大幅減輕相對於委內瑞拉（其他相同處境的借債國）的風險，換句話說，中國縱使面臨債務國違約的風險，也不致多一層人民幣信用價值降低的風險。

¥ 吸收貿易順差的成本

　　中國除了有未成熟債權地位的問題之外，還有管理匯率和管制資本流動所發生的進一步成本。第四章已提到這兩個政策彼此的關連：中國考量到貿易順差，有必要實施資本管制以避免人民幣升值，理由是外國人看到中國經濟強盛，就會急切想進來投資。另外，貿易順差需要被吸收，為了是要讓匯率符合中國領導人所訂的經濟目標（值得重述的是，經常帳是完全自由化的，意思就是外匯藉由出口進入國內市場，轉換為人民幣，反之進口亦然）。

　　外匯干預是如何運作的？人行持有外匯存底交易賺得並給出口商人民幣所換得的美元。這等於注資人民幣流動性至銀行體系，進而注入內需，使消費者物價和資產價格形成上漲的壓力（如此最終可能導致資產泡沫，因中國資本市場不夠多樣化，這在第三章討論過）。為避免對物價出現不利的影響，並壓抑國內擴大授信，貨幣當局就得抹除、或沖銷過剩的流動性，方法像是對商業銀行實施高準備金率，出售金融證券（尤其是債券）給銀行。

多年來，藉由外匯干預，中國貨幣當局得以限制人民幣的對外價值，避免匯率過度升值，因為升值不利競爭力、傷害出口，也會因此拖累經濟成長、國內發展、也影響就業機會。從 1999 年至 2005 年，人行買下幾乎所有入境的外匯、投資再沖銷，藉發行人民幣票券來吸納美元為主的資金，以減輕貨幣衝擊。中國約有九成的外匯存底是外匯干預和沖銷的結果。

然而，沖銷是要付出極大的代價的。首先，影響是沒有選擇性的。沖銷措施往往影響整個經濟，而不只有滿手現金的產業，像因出口旺盛受益的製造業。因此，這措施等同貨幣緊縮，使借貸成本隨利率上揚而走高，也容易減退經濟成長。

一個相關的問題是，鑒於國內和美元計價資產之間利率上的差距（容以下進一步討論），貨幣當局可能不太願意升息，以免進一步拉大利差，甚至不惜冒上過熱和通膨的風險。[10]

沖銷也會累積外匯存底，因等同貨幣緊縮的政策會吸引外資。在中國的情況是，人行多年來吸收外國資本，官方準備增幅比經濟成長還快，2010 年 1 月至 2014 年 9 月由 2.4 兆美元膨脹到 3.2 兆美元，遠超過分居二、三、四的日本（1.3

兆美元）、瑞士（6,500 億美元）、沙烏地阿拉伯（近 6,000
億美元）。

持有外匯存底本身並沒有什麼不對，資本市場有限的國
家（通常是開發中國家）累積外匯存底，一旦國際貨幣突然
匱乏時可應付進口所需款項，或作為對抗貨幣危機的保障。
外匯存底也可以用於穩定匯率。這就是人行在 2015 年 8 月
然後在 2016 年 1 月為避免人民幣對美元貶值過速所做的，
因此，官方準備由 2014 年 9 月的高峰迅速萎縮 7,000 億美元。
其他例子，像 1997 年亞洲金融危機的泰國，干預的效果則
較差。事實上，泰銖 1997 年春遭投機狙擊時，泰國為捍衛
匯價動用逾九成的外匯存底，卻無濟於事。泰銖跌掉超過五
成的價值，泰國最後不得不在 1997 年 7 月改採彈性匯率機
制。[11]

為了干預市場，甚至抵擋投機狙擊，確實有必要持有龐
大的外匯存底，但中國所累積的官方準備如今已遠高於防患
於未然所視為必要的水平。央行常用流通在外的短期債務，
作為持有外匯存底規模是否相稱的指標。中國目前持有流通
在外的短期債務相當於 5,000 億美元，以此指標來看，其外
匯存底遠超過此數，等於正常規模的七倍。另一個指標是外
匯存底應相當於三到四個月進口額，在大家看來，這是在
流動性劇減的狀況下可供保護的規模。中國按此指標大約要
6,000 億美元，目前的外匯存底相形之下還是太多。

**外匯存底大而無當，若再加上沖銷政策，整個經濟會因
此扭曲**。舉例來說，商業銀行若得提高準備金以購買沖銷之

用的票券，就得減少可供放款的資金。攸關長期經濟成長的投資，可能也會受排擠。

¥ 中國的美元陷阱

外匯存底遠高過防患於未然所需的規模，可見中國已達到一個貨幣管理不僅沒有效率，也浪費資源的地步。許多有影響力的經濟學家，特別是前人行貨幣政策委員會委員余永定，都認為如此累積外匯存底（尤其過度累積美元），對中國有顯著不利的影響，因為這增加了已相當可觀的美元部位，製造國內金融業投機和不穩定的機會，也減除原本可供有生產效益投資的資本。

縱使中國尚未公開官方準備的組成成分，直到 2015 年 9 月答應國際貨幣基金（IMF）公布以前，仍視此組成為國家機密。從中國貿易的分布來看，可以合理推測主要組成是美元和美國公債。[12] 持有龐大美元儲備相關的成本之一，即匯率升值可能產生的潛在損失。這種因美元走貶（或人民幣走強）所導致的損失，在全球金融危機過後相當明顯。

國際清算銀行（BIS）2010 年 12 月估計，若人民幣升值 10%，當時中國 2.7 兆美元的外匯存底就會有大約人民幣 1.8 兆元的潛在損失。[13] **這表示假使人民幣升值，美元存底的價值就會減少，也就是「國家財富」的減少。**當然，一個貨幣都會貶值也會升值，其實人民幣 2010 年至 2014 年勁升之後，2014 年底以來也一直朝走貶趨勢。但龐大外匯存底往往更加大這種波動和匯率的風險。

　　尤其在 2008 年之後美中貨幣走勢相反的時候，持有美元和美元計價資產也產生極大的成本。美國需要極低的利率來促進國內經濟成長，另一方面，中國需要更有限制的貨幣政策，來對付通膨並替部分市場尤其是房地產過多的需求降溫。結果，中國外匯存底所持有的美國國庫券的報酬，突然間就低於國內債券可賺的報酬。因此，人行最終為發行債券來吸收流入美元的成本，反而大於持有美元計價的資產。譬如，中國 2010 年沖銷損失估計約有 400 億美元。[14] 相較之下，金融危機前幾年，中國沖銷操作每年獲利大約 600 億美元，因利率差異有利中國。2014 年 8 月，美國 1 年期國庫債券殖利率為 0.11%，同期間，人行 1 年期債券利率為 3.7%。另一方面，美國投資海外所賺得的，會大於要付給外國投資人所持有的國內資產。譬如，美國 2011 年付給外國投資人的利息和股利略超過 5,000 億美元，少於美國對外持有資產所賺得的 7,400 億美元。[15]

　　過度曝險於美元是大有問題的，不僅因為中國的美元存底的價值有損失之虞，也因為持有美元等同於補貼美元。中國困迫於官方準備累積美元過剩和國內發展所需之間，在新興和開發中國家中最為矛盾。儘管近幾年快速成長，　仍有大約 1.5 億人口每天賺不到 1.9 美元（世界銀行貧窮的門檻），相當於總人口的 11%，在農村地區也急需基礎建設。[16]

　　中國領導人在多次場合承認有必要放慢累積美元，投資及布局也要更有智慧且有效益。2009 年，時任總理溫家寶對中國持有美債表示憂心。2011 年，人行行長周小川對中國外匯存底過度累積提出示警。他形容外匯存底已超越「合理」水平。他表示，應更專業地管理過多的存底，並暗示所持部位會加以分散。溫家寶講話過後，中國官方採取行動（並無官方消息，但至少媒體如此報導），2009 年出售價值 340 億美元的美國公債。2011 年 8 月美國長期主權信用被降等後，又賣了 365 億美元的美債，中國所持有美債降至 1 兆 1,370 億美元。[17]

　　儘管如此，美元在 2012 年至 2014 年累積更快，中國仍積極管理匯率且需要美元來干預。2015 年初以來，官方干預轉向，目的反而在支撐人民幣。中國的外匯存底也因此開始萎縮。

¥ 改變的挑戰

　　總而言之，中國因通貨自我矮化而產生成本。無論是使用本國幣的好處、或是企業支付外匯操作的交易成本，還是國內企業處理海外貿易和金融交易避免匯損的成本，當個人和企業都放棄時，就產生了機會成本。在總體經濟層次，使用矮人一截的貨幣會導致流動性短缺，使身為未成熟債權國的中國陷於劣勢。相關的沖銷干預政策導致過多的存底（尤其是美元），也帶來其他諸多的成本和風險。

　　倘若中國能在國際交易中廣泛使用人民幣，這些成本就會降低。另外，**鑄幣收益權**（seigniorage）──貨幣的價值和生產貨幣的價差（譬如， 若生產 1 美元鈔票的成本是 10 美分，鑄幣收益權就是 90 美分）。

擴大使用人民幣， 也有對全球有利的一面。擴大使用人民幣當作國際交易支付的方式，有助降低全世界經濟過度暴露於流動性短缺的風險（以及對國際貿易相關的不利影響），並降低其他央行提供國際金融市場流動性的負擔。

不過，擴大國際使用人民幣，光說很容易，要做卻很難。即使中國有意引進政策讓人民幣更有吸引力也更向全世界開放，報價要用什麼貨幣，最後決定權卻是在個體經濟層次，由每家進出口公司決定，也要看每家公司的成本結構。出口業者從勞工到原料的成本主要是國內的，以本國貨幣報價作為外銷報價和支付會比較好，因為成本採相同貨幣計價。這讓業者能降低甚至免除貨幣不對稱和匯率的風險。換個角度說，大部分在海外生產且需要進口原料的公司，以美元報價並結算外銷會比較有利，既可取得外匯，又可以用來支付進口，也避免貨幣不對稱。中國企業已習慣用美元來作生意，國際交易的報價和結算普遍使用美元，因為美元在國際市場流動性大，交易成本低，匯兌風險也小。

這樣的習慣和網絡外部性，讓業者不想轉變他們用來報價和結算的貨幣。習慣往往成為積習，養成慣性，從而保持了現狀。因此，很多公司寧可花上更高的交易成本，也不願把用於國際交易的貨幣改成本國貨幣。若有業者決定改變報價方式，就等於是跟夥伴和同業唱反調了。外國人多年來都使用美元，如今也不太願意改變。

　　當然，對人民幣進出中國的限制，使外國企業更不願意改變習慣。中國企業進口也使用美元，特別是能源的進口。在原物料市場，石油和礦業公司和全球夥伴很難避而不用美元交易。像大豆、棉花等軟商品也是同樣的道理。像中國最大鋼鐵業者寶鋼和最大食品加工業者中國糧油食品進出口總公司這樣的大公司，也需要美元用於海外併購。

　　另外，家庭和個人也偏好美元，常常用於觀光、支付子女留學費用、購買外國的奢侈品與其他不容易買到或非常昂貴的商品。還有，他們需要美元購置海外房地產，這是中國富人取得永久簽證和外國護照的捷徑。美元在這些生活方式的選擇也扮演舉足輕重的角色。

　　考量慣性、網絡外部性、以及其他限制，除非認為相當值得，否則以上情況根本不可能改變。一家企業若已經用了本國貨幣，銷售和採購量應足夠合理反映預先支付的成本。因此，這個國家若有意擴大國際間使用、接受自己的貨幣，並擴大自己貨幣在全球貿易的比重，應該要創造足夠的經濟活動，衝出夠大的分量和拉抬力道，至少國際化初期的過程必須如此。中國不管用什麼標準衡量，不是全世界最大就是次大的經濟體，就這方面來說，是占有優勢的。[18]

　　就算到這個地步，要人改變習慣也並不容易。直到幾年前還是全世界第二大經濟體和第二大外銷國日本，就是個典型的例子。

　　1970 年末至 1980 年初的日本，就像今天的中國一樣經濟強盛成長，這也歸功於成功的外銷主導策略，崛起成為與美國經濟主導地位分庭抗禮之勢。當日本企業擴張國際版圖並外銷汽車、電視機、電腦、錄放影機、卡帶式播放機時（別忘了，這可是 1980 年代！），他們開始在國際交易中使用日圓。國際間使用日圓報價並結算日本出口的比率，由 1970 年只有 2% 擴大到 1980 年初期近 30%。[19] 然而，接下來 30 年這個比率保持不變，目前日本出口使用日圓的不到 40%，進口只略高於 20%。[20] 慣性、網絡外部性，加上日本經濟不景氣，導致日圓使用達到瓶頸。

　　中國決策者明白，人民幣面對強大的既有勢力，還得克服慣性和習慣的困難。但他們認識到有必要抓住一些國際貨幣的優勢，便安排一套政策架構，要勝過種種障礙，來提升人民幣的國際使用。這個架構，不只在於替中國企業、商業、個人甚至政府降低成本，不必非得使用並累積美元。

　　自我矮化的貨幣的意義攸關中國在全世界的地位：「泱泱大國自有泱泱貨幣。」因此，中國已擬妥一套建立國際貨幣的策略，且待下一章討論。

THE PEOPLE'S MONE¥

建立國際化
的貨幣

1990 年代之初，日本發生銀行業危機，帶進長期的經濟停滯和通縮。日本的經濟不景氣打擊外國人的信心，日圓國際化也因此受阻。

　　2009 年 6 月，中國人民銀行行長周小川在瑞士巴塞爾的國際清算銀行年會上，與巴西央行總裁梅雷萊斯（Henrique Meirelles）會面。兩人都覺得兩國的貨幣太依賴美元，都希望討論在雙邊貿易上使用彼此的貨幣，即人民幣和里爾。這是接續幾個月的議題，在倫敦 G 20 高峰會上，中國國家主席胡錦濤和巴西總統魯拉曾討論一個構想，想讓巴西使用里爾來支付中國商品，中國也使用人民幣來支付巴西商品。[1] 在巴塞爾，周小川和梅雷萊斯同意，「中巴將擬出貨幣安排，讓進出口商以本國貨幣結算交易，不經過美元」。[2]

　　這看起來不是頂新奇的構想，1971 年的布列敦森林體系終止以來，便不時出現要**替代美元作為主要國際貨幣**的議論，但這次是在一個正確的時機討論此事。

　　全球金融危機過後，決策者和專家無不迫切反思國際貨幣體系的發展和過度依賴美元的現況。另外，中巴之間的貿易和金融關係正盛（雙邊貿易額約 430 億美元）且持續成長。終於在幾年後有所行動，2012 年 6 月，中巴同意交換 600 億里爾和人民幣 1,900 億元。雙方在 2013 年 3 月簽署協議，巴西經濟部長曼特加形容，「從此貿易不再有阻礙」。[3] 今天貿易額已由 2009 年倍增接近 900 億美元，中國超越美國，成為巴西最主要貿易夥伴。

　　與巴西有這樣的安排，證明中國試圖解決本身貨幣地位不足的限制與過度依賴美元。

　　2009 年至今，中國官方在國際貿易體系上建立優越的地位，有利設計出一套方案以便利國內外企業之間結算交易。

這個政策試驗彼此關連的目的是，要推廣人民幣的使用和接納，同時仍要控制國內進出資金以管制外部衝擊對國內金融業的風險。然而，貨幣當局想要成功，卻面臨極具考驗的障礙：若要持續管理國內進出資金，要怎能確保國際市場有足夠的人民幣，讓外國投資人為貿易和投資的目的願意持有？

我在本章就是要探討這個複雜的政策架構，中國官方開始為這個架構布局，條件雖受限制，仍要發展即使只是局部也要跟中國經濟影響力相稱的貨幣。我稱此為**人民幣策略**，只是中國官方文件並沒有使用過這個字眼。他們明白也顧慮不受拘束的資本流動，而這些考量局限了資本市場自由化，也約束了人民幣的市場發展。因此，開發人民幣國際使用的唯一途徑，就是發展目的在於鼓勵市場需求的政策措施。這個策略的確尚在實驗階段，政策逐步實施，經過驗證後，再評估是否走下一步，如鄧小平所說，就好比「摸著石頭過河」。想了解中國在發展國際貨幣所面臨的考驗，不妨回顧鄰國日本的經驗，日本也曾在美元支配的體系下推動過貨幣國際化。

¥ 日圓國際化

日本和日圓的例子，可充分顯示發展國際貨幣這個目標本質上的困難。

在 1970 年代，日本金融體系猶如今天的中國，藉著控制信用和利率嚴格管制，利率太低，不足以讓市場發揮適當功用吸引足夠的資金（也就是存款）來滿足現有的需求。市場被嚴格劃分，用意是在鼓勵個人儲蓄，好讓民營事業的投資需要和公共基礎建設的重建，能以較低的利率支應。

正如中國，金融壓制也是日本發展模式的一環。譬如，居民在外國的存款是有管制的。官方引進這些管制，還進一步要求日本銀行、證券公司、投信業和保險業在內的金融機構勿擴大對外投資，以便管理資本外流的風險。[4] 日圓在極狹窄的區間波動（以 256 日圓兌 1 美元為準），也不是很有吸引力的貨幣。若投資人和存戶有所選擇，很多人很可能將資金移往海外。

就在這個時候，布列敦森林體制瓦解，國際貨幣體系改革之說紛起，也有人開始討論日圓在全球的地位。後來在 1973 年和 1979 年經歷兩次石油危機之後，產油國家累積了龐大的石油美元，國際金融市場開始大舉走向自由化。歐元市場擴大，國際貨幣流動規模和速度都加大。正如 2008 年以後的中國，日本當年身為較強經濟體，正從多次衝擊中崛起，在全球經濟中分量加重，而美國不僅在全球經濟地位漸走下坡，國際間對美元也失去信心。美日經濟此消彼長，使日圓在國際間的角色更有意義。1980 年 12 月，日本正式實施大幅修訂的外匯和外國貿易管制法，這是在政策架構上，藉由貿易和投資來推動日本與全球經濟融合的第一步。而在 1983 年 10 月，日本財務省將「日圓國際化和金融與資本市場自由化」訂為主要政策目標。[5]

適逢雷根總統 1983 年 11 月訪問日本，日圓／美元委員會和外匯暨其他交易委員會分別成立，最終達成如何這些目標的協議。事實上美國政府向日本施壓，因為雙邊經常帳太過失衡，美國國會正醞釀要對日本展開「報復」。美國經濟學家和政治人物認為，金融業自由化和日圓國際化會有助於平衡日本經濟。

具體措施包括降低外國金融機構進入日本市場的限制、[6]金融自由化（尤其利率持續自由化也進一步發展並擴充開放短期資本市場），歐元／日圓市場 自由化作為便利非居民使用並持有日圓的第一步，並建立境外市場，以便利歐元／日圓在東京交易。金融自由化的方案由 1980 年代下半年至 1990 年代穩定發展。管制先是放寬，最後完全廢止，利率也逐步開放， 而在 1986 年 12 月，東京境外市場也正式建立。

日本貨幣當局按照計畫，藉金融業自由化和開放資本帳，依循傳統途徑來發展日圓國際化。另一方面，經常帳可兌換大致早在 1960 年代日本經濟開始大幅成長之初即已達成。這個模式跟中國目前為止的情況很像：中國在加入世界貿易組織（WTO）之前，即完全開放經常帳，目前正處於開放資本帳的過程。到 1980 年代中期，日本金融業和資本帳已比目前的中國顯著開放，而到 1990 年代之初，大致都已開放。

資本帳流動不受約束，吸引外國銀行和證券公司進入日本，日本的銀行和證券公司同時期也對外拓展版圖。日本業者在主要金融中心開設分行，併購外國銀行，開辦像承銷歐洲日圓債券的新業務。到 1990 年，全世界按總資產排名的前五大銀行全是日本的銀行（如今則是中國銀行的天下）。[7]
投資事業也積極對外投入金融活動，尤其是參與美國公債市
場，1980 年代末標購每期發行新債的比率占 25% 至 30%。
日本證券市場交易量也大增，全世界四大證券公司都是日本
業者（野村、大和、日經、山一）。1986 年，淨資產超過
100 億美元、已是全球最大的證券公司野村，成為倫敦證券
交易所第一個日本會員。1990 年，日本已僅次於美國，成為
全球第二大經濟體[8]，國內生產毛額（GDP）占全球 10%，
貿易額占全球近 7%。[9]

　　接著在 1990 年代之初，日本發生銀行業危機，帶進長
期的經濟停滯和通縮。日本的經濟不景氣打擊外國人的信
心，日圓國際化也因此受阻。日本貨幣在全球外匯存底所占
比率，由 1995 年 12 月的 7% 降到 2015 年 12 月的 4%，同
期全球外匯交易使用日圓比率由 20% 降到 5%。[10]銀行業危
機和後來「失落的十年」下來，日本經濟陷於萎縮，在全世
界國內生產毛額（GDP）如今不到 6%，[11]占全球貿易約 4%。

¥ 人民幣可從中學到的教訓和策略

　　日本在貨幣國際化的經驗，可以學到不少教訓。首先，
經濟基本面是一個貨幣國際化的重要支撐：經濟和貿易要有
足夠的規模；流動性適度的外匯市場；金融業開放、深化而
多樣化；有可靠的機構；以及法治。[12]規模和範圍很重要，

因為一國的**貿易量**可以推動這國貨幣在國際間使用，發揮拉抬效果，並有助扭轉原本使用貨幣的習慣。但日本的情形可見，這些條件本身不足以推動一個貨幣的國際化使用。儘管1990年日本已是全世界第二大經濟體，全球貿易卻只有5%採日圓報價[13]，部分要歸因於國際交易的大宗商品和原料仍以美元報價結算。

其次，**開放資本帳**是發展一個貨幣國際化使用的必要但非充分的條件，這也是因為光靠資本帳本身，不足以替自己的貨幣建立深化而運作良好的市場。支持並鼓勵貨幣國際化使用的政策，至少不加以妨礙，也同樣重要。儘管日本官方在景氣欣欣向榮的那幾年推行資本帳自由化，卻對向全球各地開放仍心存遲疑，因為他們擔心日圓勁升會影響日本仰賴出口的經濟。[14] 他們的態度大致是以為，日圓國際化會因資本帳自由化「自然產生」，因此相對地被動而非主動尋求進一步加速推動日圓國際化。

第三，一個國家若要支持本身貨幣的國際化使用，也很重要的是，**要有一個發展完善的國際金融中心**，其中具備良好金融基礎設施，包括支付系統、清算等等，還有流通的資本市場。

英國就是一個很明顯的例子，國際貿易融資已成為倫敦作為金融中心向國際拓展的核心。譬如，倫敦市場的承兌量1875年是5,000萬英鎊到6,000萬英鎊，1913年增為1.4億英鎊。同時，英鎊計價的商業活動，舉凡債券、貿易有關的基金、存款帳戶，都發展起來。英國業者的外國供應商在倫敦開立存款帳戶，以英鎊結算的交易收入可以很安全暫存在帳戶裡。這個強健而多樣化的金融體系，乃是英鎊優勢的主要動力。

最後，區域的背景也很重要，可帶來此貨幣必要的拉抬力道。譬如英國在 19 世紀就是這個道理，法國和德國在經濟規模和發展上都很相似。然而，日本在 1980 年代並非如此，日本當年是亞洲唯一的已開發經濟體，所以大部分貿易和金融是與其他已開發國家的關係，尤其是與美國的關係。日本和鄰國發展差距太大，抑制區域的整合，也限制擴大日圓在區域內使用的選擇。[15] 結果日圓在較廣的背景下發展成國際貨幣，但**日本的貿易夥伴仍形同局限在一個美元陣營**。網絡外部性和慣性以及後來的交易成本，都抑制企業和其他市場參與者改用日圓的意願。結果，日圓不如當年許多人所期待，並沒有發展為像美元一樣廣泛使用的國際貨幣。

即使今日區域的背景基本上和日本在 1980 年代不同，中國學者[16] 仍詳加檢視日本經驗，看看有沒有中國本身貨幣國際化值得借鏡之處，特別留意有哪些官方是不應該做的。在 1985 年的「**廣場協定**」，五國集團政府（法、德、英、美、日）同意美元對日圓和德國馬克貶值，各界視此為日本的一大轉折點。美國向日本政府施壓要求日圓升值，帶來為平衡貨幣走貶所實施不適當的低利率。結果過度負債，導致銀行破產，經濟進而陷入長期停滯。日圓升值之勢直到美國政府1995 年宣布「強勢美元」政策後才終於止住。[17]

中國評論人和學者多認為，廣場協定之後日圓大幅升值，是以國際政策合作之名，迫使日圓妥協，卻讓美國受益。這協定傷害了日本出口導向的經濟，還深陷衰退，淪落前面提到的「失落的十年」。[18]

　　這些評論經常流於偏頗，且未必完全根據事實。然而，這也象徵人民幣發展的種種顧慮，中國官方的確也面臨很多挑戰。不過，正如日本的例子所見，推動中國密切接軌的區域使用人民幣似為正確之舉，整個國際化過程阻力最小。中國尚未達到可以開放資本帳並由市場來推動國際使用人民幣的形勢，還需要更多的政策作為。

¥ 「摸著石頭過河」

　　中國的人民幣策略的目標，乃是**一面要推動國際使用人民幣，一面要繞過或修正現有流動上的約束**。這是一個供給面的策略，其構想是，只要具備相關的基礎設施來強化人民幣市場的發展，就會帶動需求，進而擴大市場。

　　因此，中國人民幣策略的成功與否，取決於規劃良好的政策和市場力量。北京當局藉著有點邊作邊學的方式，按部就班地發展這套策略，而且會持續這麼做。中國的改革不是一蹴可及的，而是依循漸進的途徑，就像鄧小平所形容摸著石頭過河的過程。人民幣國際化的作法也是如此。中國官方希望採漸進的作法，給政策實驗充分的餘裕，也避免經濟發生出人意料的擾亂。因此，政策逐步實施且經過驗證，且經常在可控制的條件之下。若是合用，就在全國擴大實施。

　　官方相當低調，寧可不去強調這些措施，倒是中國媒體樂觀其成。人民幣第一個重大政策，即人民幣貿易結算試點業務於 2009 年 7 月開展時，中國官方媒體《新華社》評論道：「新業務必然有助活絡國際貿易、進一步促進人民幣通行全球，也減緩全世界過度依賴美元。」[19] 但這個擴大結算機制和人民幣以一籃貨幣為基準的匯率改革（見第四章）在 2010 年 6 月實施時，國際上非中文媒體幾乎沒注意到這消息。

　　措施乏人注意，正符合中國官方的本意，總認為這個策略寧可愈少人察覺愈好。事實上，極少官員的談話和文件提到人民幣國際化。人行和其他主管機關不曾發表提出人民幣計畫的正式文件，也未定義或解釋何謂人民幣國際化、相關目標為何。2014 年 6 月在倫敦舉行的一場英中金融論壇上，高階官員強調，中國人對所謂的人民幣國際化相當低調，名稱也沒那麼響亮：「在中國我們管它叫作**跨境使用人民幣**」。[20] 在此幾周前，人行行長周小川在博鰲論壇巧妙迴避使用「人民幣國際化」一詞，反而，他在 10 分鐘的專題演中六度使用「跨境使用人民幣」的說法。[21] 我個人在 2010 年底一場人行會議上曾經領教國官方態度之謹慎。我發表一篇談人民幣策略的論文，[22] 與幾位高級官員討論時用過這個字眼，他們很客氣的糾正我並解釋，沒有所謂人民幣的策略。

　　官方在人民幣策略上緘默不令人意外。他們已開展一套複雜的措施，需要藉由一系列的漸進步驟作長遠規畫，以掌握市場反應並判斷如何因應，也預判國內外的中短期效應。如有必要，他們甚至得有政治魄力倒退至上一步。如此看來，摸著石頭過河，可謂這一個過程最貼切的描述。

中國的人民幣策略可由兩條途徑來揭示，第一個途徑是跨境交易結算機制，為要鼓勵與中國的交易使用人民幣，我接下來還會討論；第二個途徑是建立境外市場，為要發展人民幣成為外國人願意儲存財富的方式，我在本章末了也會討論。

¥ 貿易結算試點

中國邁向人民幣國際化的「長征」於 2009 年 4 月不動聲色地開展，國務院常務會同意試行一套機制，允許國際貿易交易使用人民幣訂價、報價、結算。這個辦法目的是為「提升中國與其他貿易夥伴的貿易、改進貿易條件、提供原本因金融危機銳減的流動性、降低外匯波動的曝險，並維持貿易部門的高成長率」。[23]

新政策用意是在鼓勵與中國周圍鄰國貿易結算時使用人民幣。在這個機制下，自中國進口商品的企業如今可以決定以人民幣而非美元來支付貨款。野心不大，目的只是要在區域性非正式使用人民幣的現況冠上政策架構。[24]

這個架構如何運作？若要用人民幣來支付自中國進口的商品，外國企業可要求一家指定海外銀行電匯款項至香港（或其他境外金融中心）一家指定的清算行。這家清算行會把款項匯至中國大陸提供結算的銀行，相對地，中國境內也可以將資金匯給這家出口公司的銀行帳戶。或者，這家公司可以利用中國大陸商業銀行海外分行作為經辦行。在這個情形下，這家企業可以在經辦行開立境外人民幣帳戶，如此就可以在同一銀行內部匯款。[25]

人民幣建立在與鄰國現有的流通基礎上，形同將行之多年的情況建制化。人民幣早已往來大陸和鄰近國家，尤其是香港。為顧全這個局面，1990 年代初已略為放寬人民幣出境，但金額不大。[26]1993 年開始，允許個人每人每次最高可攜人民幣 6,000 元進出中國大陸。2005 年 1 月 1 日，金額放寬到 2 萬元，直到今日。

多年來，大陸民眾不斷把錢帶出境外，那怕只是帶到香港。1990 年代，有上萬大陸民眾就真的攜帶一箱箱的錢到香港。[27]結果，很多中國居民便這麼開始在境外累積人民幣，明知道沒有正式的管道能把人民幣再帶回內地。資金漸漸移出中國，顯然可見民眾覺得錢擺在別國比較安全的普遍心態。企業也有同樣心態，為規避外匯管制，合法中國企業經常在報價單上動手腳，表面上付給外國供應商或商業夥伴的高於實付額，然後抽走差額，存在境外的帳戶。

為了吸收並使用這些人民幣，鄰近國家非正式的人民幣匯兌市場應運而生。 這個市場以匯兌商為主，一般不像銀行受到嚴格監管。[28]這也解釋為什麼人民幣在國際使用限制重重，但在蒙古、柬埔寨、越南、緬甸、寮國仍相當普遍，有的甚至充斥當地貨幣，甚至排擠其他國際貨幣。

譬如，在寮國北部，人民幣比美元還普遍，被當地稱為**「小美元」**。[29]在印尼、馬來西亞、菲律賓、新加坡、泰國、南韓、台灣,當地貨幣與人民幣的連動比美元還密切。[30]

　　新的政策配套措施將很多現有非正式的網絡合法化,在試點辦法中,允許在東莞、廣州、上海、深圳、珠海合於條件的企業與港、澳、東南亞國協(ASEAN)國家跨境貿易時使用人民幣來計價、報價、結算。[31] 在這些地區的銀行可以提供像是存款、匯兌、支票、匯款、貿易融資等服務,對象是選擇人民幣與中國指定的企業結算貿易交易。

　　在結算試點 2009 年 7 月啟動的第一天,中國銀行與滙豐(HSBC;與交通銀行合作)實施全國第一筆跨境人民幣貿易結算交易,來自上海貿易結算的匯款,以人民幣信用證(狀)的方式,在香港完成交易。[32] 這是一中一外兩大銀行當重要關係人介入新措施的一個極富象徵意義的時刻,連結中國兩大金融中心(香港和上海),也向業界展現這個措施的涵蓋面。

　　企業界對此新辦法均給予好評。據中國社科院 2009 年對 1,000 多家出口公司所作的調查,[33] 逾八成受訪者樂於使用人民幣作為貿易結算,認為可藉此降低匯率風險和交易成本。同一份調查也指明,這個辦法可以提供中小企業參與國際貿易的誘因,因為中小企業很難通過開立美元貿易結算帳戶的審核。

　　中外各大銀行,其中有跨國銀行像渣打銀行、摩根大通、滙豐等等,均視此為開發人民幣市場產品的商機,規模雖小,但潛力雄厚。他們樂觀其成,也十分看好前景。譬如,滙豐中國估計人民幣貿易結算需求 2012 年上看 2 兆美元,占中國外貿易 40% 至 50%。滙豐工商金融業務中國區負責人蕡聖林 2009 年 8 月曾說：「若結算交易量四到五成兌換為人民幣，就貿易、貿易成本和貿易金融而言將是更多元的選擇，也因此降低外匯風險和交易成本，促使區域貿易更有效率。」[34]

主要銀行開始向客戶提供人民幣貿易服務。2010 年 3 月，香港開辦人民幣銀行往來帳戶及標準放款利率，提供企業人民幣交易更大彈性。大型跨國銀行開始積極在香港鼓勵貿易客戶使用人民幣，作為商業服務主體的一環。對客戶來說，能選擇直接以人民幣貿易結算特別有吸引力，因為人民幣對美元很強。

興致勃勃的不只限於香港的銀行和金融機構。與中國貿易往來密切的國家也因這試點措施，應運而生一系列服務。譬如，2009 年 7 月為止，在越南提供企業人民幣貿易結算服務、登記有案的交易商逾 6,000 家。這類生意集中於北侖河流域，北侖河是華南廣西壯族自治區和越南北部廣寧省之間的界河。[35]

這措施對進出口中國工業製成品和半工業製成品的企業來說，有助於簡化貿易報價和支付的程序，並降低匯率風險，也不失為一個實用的創新辦法。因此，不令意外，很多企業樂意參與此措施。

產品有七成外銷中國的越南家具貿易公司「越南慈善貿易公司」負責人黃怡芳（音譯）公開支持此措施，甚至說：「我由衷盼望亞洲能有像歐元一樣的單一貨幣，可省下匯兌成本，讓過程更便利…我希望人民幣扮演這個角色，因為匯率穩定，東南亞國協人民也接受。」她表示，人民幣在越南、柬埔寨、寮國相當受歡迎。[36]

滙豐香港工商金融主管陳梁才也說：「開設人民幣往來帳戶提供企業在貿易結算更多彈性。」[37] 他解釋說，貿易人士者在當以人民幣結算除匯款外，還可使用支票。渣打銀行的廖俊達（Neil Daswani）也呼應說：「因著人民幣跨境結算試點的實施，進出口業者出現很多機會，不僅銷售增加了、成本降低了、也能管理風險。」[38]

2010 年 6 月，人民幣試點擴大到中國大陸 20 個省市。[39] 一年後又拓展至大陸。[40]2011 年 10 月，人行發布外國直接投資結算人民幣業務管理辦法，從那時起，這個規畫進一步演進為正式方案，原則上全中國的國際貿易都可以使用人民幣結算。的確，2012 年 3 月以來，凡涉及中國大陸有進出口執照的企業，都可以選擇參加協議，且不僅與先前允許的東南亞國協國家、港、澳，還可以和全世界其他地方採用人民幣貿易結算。[41] 行政手續和繁複作業都簡化了，所有須經行政機關同意的限制和條件也免除了。

然而，即使中國企業改用人民幣以降低匯率風險和交易成本，未必表示與他們往來的海外交易對方也同樣樂於接受這種改變。

一個在國際金融交易受限的貨幣，就算用於商品貿易，也不太可能一下子就普及開來，因為這類交易牽涉金融考量，像是貿易融資和匯率避險。[42] 這意思是說，若中國以外的持有者沒有投資金融和非金融活動的選擇，那持有人民幣的成本就很高，理由有二：第一，他們不會有興趣在資本市場交易這貨幣；第二，若這貨幣貶值，他們不能很快且便捷地出脫資產，轉換成其他貨幣資產。這難免限制了國際上使用人民幣的範圍，也同時降低人民幣的發展潛力。

考量人民幣可兌換受限，非中國企業和投資人並沒有持有人民幣的誘因。馬中總商會副會長拿督黃漢良談到人民幣貿易結算方案時說：「目前條件並無助於人民幣結算。因為人民幣往上升，美元往下走，進口商並無持有人民幣的誘因。至於出口商，他們對目前的匯率很滿意。」[43] 因為資本帳的限制，中國企業貿易往來的非中國業者不能在國內銀行帳戶持有人民幣，最佳解決辦法，就是持有夠多人民幣來應付日常交易，再轉換剩餘人民幣為更有利的貨幣。若外國企業和投資人不願持有人民幣，人民幣就只會在一個迴路裡流通，只有進出國商結算人民幣，卻沒有擴大使用並流通人民幣。所以人民幣貿易結算頂多只有促進發展國際貨幣作為匯兌工具的單一用途。於是，使用人民幣作貿易報價和結算成為一種推廣人民幣國際化使用的必要但非充分條件。

在新辦法實施了幾個月，人民幣貿易結算所受限制的影響漸漸明顯。到 2010 年中，中國官方終於了解，**兌換受限的貨幣要國際化**是很難的。若沒有政策介入來維持人民幣的國際化，長期資本流動有限的自由化，即使只是為貿易交易，未來幾年仍可能約束國際使用人民幣。

官方知道，他們必須確保人民幣在境外供應無虞，才能克服可兌換受限的約束。若有充足的流動性，市場參與者就可以便宜也有把握地買賣人民幣，就像美元一樣，也覺得可以放心持有人民幣。為達到這個流動性目標，中國政府推斷應成立一個人民幣計價的資產市場，讓外國公司有參與的動機，為的是要在國際支付體系中產生足夠的人民幣流動性。流動性無非就是外國人不管現有限制而樂意持有人民幣的重要條件。

當然，中國官方也可以藉由放寬這些限制來創造流動性，依循日本 1980 年代所走的路線，完全開放資本帳並實施資本流動自由化。但因為國內銀行和金融業沒有全盤改革，匯率機制也未變更，匯率衝擊的風險和資本流動不受管制對國內金融體系不利影響都太大。因此，取消資本管制不在（如今仍不在）考慮之列。

相反地，中國決策者開始實驗發展一個特殊市場的構想，與國內市場分開，讓人民幣和人民幣計價資產能夠自由交易。這個市場不僅必須有流動性，也必須有強健的基礎設施、可靠的制度、可信賴的規範，最終還要有發展新產品的能力（譬如人民幣計價債券）。

¥ 解方：離岸市場

為了讓人民幣更有吸引力，中國貨幣主管當局設計一套獨創但卻嫌多此一舉的辦法──離岸市場。這個市場讓人民幣在中國境外交易，條件不受限制，凡對外投資或有此計畫的中國企業，以及有意在海外資本市場籌資的企業，都可得到支持。貨幣當局希望藉這類交易移到境外，可以保護中國大陸境內市場免於不利且不穩的資本流動，進而破壞中國國內金融穩定性。因此，他們開始發展一套政策，與貿易結算規畫並行，以便中國大陸以外建立一個流動性環境，不在北京的管轄之內。[44]

在離岸市場，非居民可以因貿易和投資的目的取得人民幣，也可以持有人民幣基金。這些資金可經由複雜的管道進出中國大陸，這機制至少理論來說可以管制資本流動，由此降低金融動盪的風險。凡想將付款轉為其他貨幣者，可以在離岸市場使用離岸人民幣——外匯市場普遍簡稱為 CNH，可以自由浮動的匯率兌換成任何外幣。

因此，在離岸市場，人民幣（或更精確的說是 CNH），能以浮動匯率完全流通。實際運作上，等於是有兩個平行的貨幣：一個離岸完全自由流通的人民幣（CNH），一個是在岸非自由流通的人民幣（CNY）。

建立離岸市場的目的，乃是要讓人民幣作為金融資產在國際間使用，也因此達到貨幣作為價值儲存的功用，這也能支持人民幣的國際化。同時，中國貨幣當局也保有對資本流入國內（在岸）市場的控制，也能掌握資本帳自由化的步調。[45] 這個離岸市場的發展，也替國際金融中心尤其香港開創參與人民幣業務機會。他們可以推出各式各樣的人民幣計價資產和投資工具，以及金融和貿易相關的服務。

人民幣跨境貿易結算規畫和人民幣離岸市場這兩者，已成為中國發展人民幣國際化的輔助辦法。這雙軌策略有專替每一軌所設計的措施。第一軌的目標是要擴大國際貿易使用人民幣，也因此推廣人民幣作為貿易的報價貨幣。第二軌是為建立人民幣計價資產的離岸市場，讓中國既可避免過早開放資本帳，也降低國際收支失衡的情況。

這兩軌並行不悖，且相輔相成。跨境貿易結算規畫能供應離岸市場，因為貿易收益可擺在離岸市場的銀行存款甚至人民幣計價資產。另一方面，發展人民幣離岸市場，提供非居民把貿易賺得的收益來投資的管道。相對地，這些離岸人民幣也供應擴大離岸市場的流動環境。中國決策者預料，只要持有人民幣的可行選擇多了，又有充沛的流動性，就會有越來越多外國公司使用人民幣來結算貿易交易。因此，離岸市場的發展，解決了一大挑戰，成功說服外國公司和外國市參與者可藉離岸市場銀行帳戶或離岸金融工具來持有人民幣。

因此，在這雙軌政策架構下，人民幣可以在管制的條件下在國際間使用。藉著離岸市場的發展，北京可以保有對資本出入境的管理，也可以保障中國銀行和金融體系不受失控的狀況和衝擊所影響。

然而，我將在下幾章討論，離岸市場已無法成為人民幣自由流通的完整替代品，除非放寬資本管制，人民幣在國際使用的規模和範圍上仍受限制。

THE PEOPLE'S MONE¥

市場 建立人民幣

CHAPTER
7

從貨幣交換、雙邊融資、乃至於成立開發銀行的進
展,人民幣離岸市場具有重大影響。這些國家與中
國簽有換匯協議的企業,可以在香港在內的離岸中
心建立事業,以便使用人民幣貿易。

　　中國藉由持續一貫的政策，發展國際使用人民幣的策略，乃是空前之舉，從來沒有一個國家會主動推行貨幣國際化，都是任其自然發展。中國也是第一個在真正的法幣時代設法達成此目標的國家，此時國際貨幣和黃金等其他實體貨幣之間，不僅沒有關連，甚至毫無瓜葛。[1] 這意思是說，人民幣的公信力無法像當年美元接續英鎊的地位一樣，能靠可兌換為黃金的比例來建立。

　　要建立人民幣在國際間的威望並不容易，要在美元獨強的世界各地、就連在亞洲，要讓人接納人民幣，都是困難的目標，而這正是雙軌人民幣策略（貿易結算規畫和離岸辦法）設計要達到的目標。儘管如此，這個策略在建立人民幣市場時仍面臨很多彼此關連的障礙。

　　第一個考驗是要將人民幣調撥到外國人手中，這可謂煞費苦心，因為中國一面仍想限制資本流動和人民幣的可兌換性。因中國偏好保持經常帳順差（目前減至國內生產毛額的 3% 左右，人民幣策略開展初高到 5%）並管理匯率，推升人民幣的海外需求，意味央行資產負債表的資產會累積美元。我在第五章討論過，中國人民銀行要管理匯率，就得在存底中持有美元並釋出人民幣。換句話說，人行要保持匯率穩定，就得介入市場吸收美元，一面供給人民幣。結果，人行在外匯存底就會堆積更多美元，也因此加大了「美元陷阱」。（要累積美元另一作法是轉向真正的彈性匯率，但我已討論且會在第九章進一步討論，中國尚未準備好這麼作。）

　　假設中國成功拉抬人民幣的地位，另一個考驗是，一面要應付並擴展外國對人民幣資金和人民幣計價資產的需求，一面又要保持國內金融穩定。官方相信，只要離岸人民幣回到在岸市場的管道有所限制，這種情況就能維持。但限制進出流動，也就抑制了市場需求，也因此形成人民幣國際化的反作用力。還有，中國官方整個人民幣策略的配套措施也必須小心翼翼、按部就班地來，以避免形成離岸和在岸市場之間套利和利差交易可乘之機。

最後，一旦中國落實人民幣策略也便捷了市場運作，也不能保證市場參與者會使用人民幣。官方推斷，只要重大基礎條件就緒，就會有足夠的拉力帶動市場，接著人民幣國際化便水到渠成，更何況中國貿易有如此大的規模和範圍。政策上的確可以支持人民幣國際化，問題是能否帶動得了？中國可以打好基礎，但無法強迫市場參與者使用人民幣，要實現這願景，必須對人民幣的流動性和信賴度很有把握。

追根究柢，中國面臨的問題就是**流動性、市場基礎條件，以及兩者之間的關係**。設計完善而落實得當的基礎結構，有助確保在中國大陸境外有充足的人民幣流動性，進而支撐人民幣的需求並鼓勵市場實踐。因此，這樣的市場基礎條件的關鍵要素，就是離岸市場和在岸市場之間的流動性管道。在本章，我會深入探討，為了建立人民幣市場和這市場的基礎條件已完成的有哪些。

¥ 人民幣離岸市場的供應

　　要建立一個運作良好的人民幣市場，流動性是不可或缺的。凡可以或有意願在對中國貿易使用人民幣的外國公司，必須要確定只要有需要，在離岸市場可以輕易取得人民幣，尤其要可以立即轉換成任何貨幣。他們必須要有把握，中國對資本流動的約束，不會影響離岸市場的人民幣資金規模並妨礙交易。

　　離岸市場流動性的供應有兩個通常的途徑，第一個是市場參與者把貿易交易所賺的錢存在離岸銀行帳戶。這有助於建立貨幣發行國以外的「資金庫」，這個流動性也能用來當作在貨幣發行國管轄之外的國際交易。以美元為例，由於在國際支付體系占有支配地位，美元被美國以外的居民廣泛使用、累積、中介，且都不在美國管轄之內。一家在全世界不同國家和市場經營的德國公司，或許會決定在全世界最大美元離岸市場倫敦持有一個美元帳戶，作為全球收支的基地，不必從美國進出資金。何東（Dong He）和麥考利（Robert McCauley）稱此為「純」離岸市場。[2]

　　第二個確保離岸市場有充足流動性的途徑，就是利用離岸中心的清算行或在岸的中轉行，讓市場參與者將美元或其他國際貨幣兌換為這個離岸貨幣，並利用在岸銀行經由離岸的清算行融資給自己離岸的子行。上述舉例的德國公司可以把歐元兌換為美元，再電匯至倫敦的美元帳戶。

　　這兩個途徑，中國都無法照著走。國際間使用人民幣尚未成熟到能在離岸市場提供足夠的流動性，[3]而中國對資本帳的設限也局限由市場參與者所產生的流動性。由於這些約束，人民幣市場就不是純粹的離岸市場，至少目前是如此，應當作人民幣「淨國際放款」（net international lending）才較適當。[4]

這意思是說，人民幣離岸市場主要是**中國大陸資金流到全世界其他地區的渠道，並非在中國管轄之外的人民幣流通機制**。人民幣離岸市場就人民幣銀行存款而言，規模約為人民幣 2.2 兆元，[5] 只有中國外匯存底的十分之一，約是國內生產毛額（GDP）的 3%。這表示光憑市場參與者也就是民間所產生的流動性，並不足以鞏固人民幣市場的發展，也不夠大到能擴展國際使用人民幣。

因此，管制人民幣的政策，與發展人民幣的政策是背道而馳的。譬如，持有人民幣的外國人若想把離岸市場所籌資金調至中國大陸投資，就會面臨重重障礙，他們會因此覺得沒有誘因在離岸市場持有人民幣。[6] 同時，放寬資本外流的管制，也背離有必要維持國內銀行充沛金融資源的初衷。隨中國經濟成長走緩，聯準會（Fed）貨幣政策不再寬鬆，美元計價資產報酬轉佳，流出資金開始超過流入資金。2015 年，中國淨流出資本達到歷來高峰 6,760 億美元。[7]

人行於是找到提供流動性的第三種途徑，就是主動出資。**央行充當人民幣流動性供應方的角色**，這是人民幣離岸市場與美元離岸市場最大的不同。要決定該注資多少到離岸市場，人行必須兼顧市場需求、政策目標，以及過多流動性可能產生國內金融穩定的風險。為符合中國漸進式的決策，流動性小心翼翼或增或減。中國這種「先發、可控、漸進式」

的作法，[8] 目的是要將風險降到最低，以免發展離岸市場過大，當局無法招架。[9] 藉由管制離岸市場的流動量，貨幣當局事實上等於控制了發展的步調。

¥ 管理人民幣的供應

　　流動性既然掌握在中國央行手裡，那央行又怎麼能確保人民幣有充足的供應？有一個方法是藉著貨幣交換，就像巴西和中國 2013 年所實施的措施一樣。這種雙邊協議的設計是作為一道安全網，確保一國攸關貿易的貨幣取得無虞， 避免因流動性暫時缺乏而導致貿易中斷。貨幣交換也可以形成人民幣離岸市場極其重要的流動性。[10] 這個貨幣交換可帶來人民幣流動性並鼓勵國際使用人民幣的主張，最初是由人行研究生部兩位學者馬韌韜和周永坤於 2009 年所提出。[11] 從那時起，中國貨幣當局便開始試行以換匯來擴充中國境外的人民幣規模。人民幣在海外和外匯市場取得容易，外國公司就容易使用人民幣來結算貿易。貨幣交換可降低日常與金融交易相關的成本，像是手續費、利息、貸款承辦費，對中國的貿易夥伴也應有幫助。

　　貨幣交換協議於是成為中國人民幣策略的一個重要元素，這是加深與簽署國金融和貨幣密切接軌的一個方式，[12] 也建立全球各地的離岸資金池。

　　2009 年以來，中國與 32 國簽署雙邊貨幣交換協議的承諾金額已逾人民幣 3 兆元，大部分是亞洲國家，包括泰國、印尼、南韓，但英國、紐西蘭、瑞士、阿根廷也參與協議。[13]

人行在 2008 年 12 月也就是全球金融危機剛過不久，與韓國央行率先簽署貨幣交換協議，兩家央行同意三年可互換人民幣 1,800 億元，也就是說，兩國可在發生流動性危機時購買彼此的貨幣。2013 年，人行與東南亞國協簽署人民幣 5,000 億元的換匯協議，在清邁協議架構下促進區域金融穩定[14]；另與英格蘭銀行達成人民幣 2,000 億元的換匯協議。人民幣技術上還是未完全流通的貨幣，中國卻與這麼多國家簽署協議，可見中國尤其對開發中國家的影響之大。

在很多國家，這些人民幣換匯協議用量不大，因為人民幣業務規模和與中國貿易都沒有大到會引發流動性危機。據人行統計，2014 年總計人民幣 2.3 兆元的換匯額度，累計只動用了 810 億元。[15] 但在香港情況不同，當地真正需要人民幣安全網。（我在下一章會討論，香港是人民幣關鍵的離岸市場。）在 2009 年 1 月，香港與人行簽訂三年的換匯協議，金額為人民幣 2000 億元。2011 年 11 月和 2014 年 11 月又換約兩次，規模增為 4,000 億元，負負便利人民幣離岸市場發展的專特目的。香港金融管理局局長陳德霖表示歡迎，形容這個協議「至關重要，有助我們提供必要的流動性，維持香港離岸人民幣市場的穩定」。[16]

這種協議的重要性，因換匯額度在 2012 年 6 月啟用而得以展現，不僅舒緩香港離岸中心銀行業對人民幣旺盛需求，也避免離岸人民幣市場失衡。[17] 扮演央行角色的香港金管局藉開放銀行從中取得人民幣，傳達有助安撫不安並紓解市場壓力的強烈訊息。[18]

中國貨幣當局創造流動性，還不只限於換匯協議，最近幾年，也開始鼓勵政策銀行開辦有競爭優勢的人民幣貸款，提供在全球資本市場借貸能力受限的國家。

2012 年 3 月在新德里舉行金磚五國高峰會，國家開發銀行宣布與巴西、俄羅斯、印度、南非的開發銀行簽署意向書，同意讓各自的貨幣作為貿易和貸款的報價。[19] 另外，中國進出口銀行開始與美洲開發銀行合作，打算成立一個人民幣計價的基金，支持拉丁美洲和加勒比海的基礎建設投資，藉此中國也擴大人民幣放款給大宗商品豐富的拉美國家。

中國投入甚深的新開發銀行和亞洲基礎設施投資銀行，也被北京視為推廣人民幣投入區域和國際建設的兩大利器。這兩家銀行的初始資本採用美元，各為 500 億美元和 1,000 億美元，規模對大型開發案不算大。相較之下，世界銀行總資本約 2,230 億美元， 因此可以推斷兩家都需要擴大資本，中國最終可能以人民幣而非美元注資。

這些從貨幣交換、雙邊融資、乃至於成立開發銀行的進展，人民幣離岸市場具有重大影響。這些國家與中國簽有換匯協議的企業，可以在香港在內的離岸中心建立事業，以便使用人民幣貿易。最終，他們可以利用離岸中心作為對開

（back-to-back）貿易的樞紐。

在這個背景下，與人行的換匯協議等同有「官方背書」，用意是讓市場參與者放心，一旦離岸人民幣 CNH 短缺時，不愁沒有人民幣。

¥ 建立支付系統

離岸市場運作良好另一個關鍵考量是基礎設施，尤其是支付系統。這是中國大陸銀行和企業聯繫海外同業的方法，也因此牽涉人民幣進出中國大陸流向的轉換（這乃是極重要的橋樑，因為中國國家現代化支付系統並不支援國際支付系統）。指定清算銀行扮演內地銀行間支付系統的渠道，人民幣匯到中國就是循此管道。

這個系統是如何運作呢？每一地離岸市場都各自有人行所指定的「清算銀行」（clearing bank）。以香港為例，中國銀行（香港）是指定的清算行。（其他清算行包括中國工商銀行和中國建設銀行，分別是新加坡和倫敦的清算行。）中銀香港與人行深圳分行維持一個帳戶，存入非內地銀行參與貿易結算安排所收取的人民幣。藉著中國大陸在岸銀行間的大額實時支付系統（HVPS）[20]，以及香港的離岸人民幣即時支付結算系統（RTGS）[21] 之間的聯結，清算行在中國大陸境外結算人民幣。

因此，非中國大陸銀行可以跟中國大陸的中間銀行（也稱中轉行，correspondnet bank）往來，相對地，大陸也能與清算行進行清算，或直接與清算行往來，或與清算行和中間銀行同時往來。除了從自己的客戶受理人民幣存款外，非內地銀行可經由清算行或內地中轉行兌換或拆借取得人民幣資金。

RTGS 允許垮境支付（譬如香港與深圳之間銀行港幣和美元的往來）有效且安全地結算。這系統會付利息給參加行，利息多寡以是人行付給清算行的存款利率為依據。清算行也有資格成為中國外匯交易中心暨全國銀行間同業拆借中心的特別會員，也在這裡清算參與銀行外匯業務的人民幣部位。2016 年 4 月底，RTGS 有 214 家直接參與者，每日平均清算資金總金額為人民幣 7,000 億元。[22]

參加行在離岸市場可以設定各自的人民幣存款條件。舉例來說，在香港，持有香港身份證的居民存款或提款金額均沒有限制，但在人民幣可以兌換港幣的金額卻有若干限制，反之也是如此，[23] 另外也可以自香港將人民幣匯入內地銀行的「個人儲蓄帳戶」。[24] 參加行可以發行用於內地的扣帳卡和信用卡給香港居民，信用額度通常以人民幣 10 萬元為限。另外，2010 年以來，又實施便利在岸和離岸兩市場之間交易的措施，譬如銀行間人民幣存款的轉帳。[25] 此外，企業可設立持有金額和轉帳進出都不受限制的人民幣帳戶。

使用 RTGS 來處理離岸市場人民幣支付還有若干明顯的限制，尤其是有營業時間和限用拉丁字母，讓人民幣很難發展為國際貨幣。為展現推廣人民幣的企圖心，人行發展一套人民幣跨境支付系統（CIPS），藉著單一平台聯結所有人民幣使用者，專門支援在岸和離岸參加者的跨境結算，每天營業 23 小時（亞洲和歐洲市場都可利用），支援中文和拉丁字母。這系統是為提供一個基礎設施，便於直接人民幣支付結算，節省交易成本和處理次數，將人民幣擺在和主要國際貨幣相對的地位，也在國際支付時給予更多使用人民幣的誘因。共有 19 家銀行獲選參與 CIPS，其中有花旗、德意志銀行、滙豐、澳新銀行在內八家外國銀行的中國子公司。2015 年 10 月，渣打銀行（中國）成為第一家透過 CIPS 完成交易的銀行，將款項由中國匯至盧森堡給瑞典零售商宜家家居（IKEA）。[26]

中國使用自己結算系統的另一個好處，就是可以減少依賴位於比利時的「環球銀行金融電信協會」（簡稱 SWIFT）所提供的支付系統。SWIFT 以美、歐銀行為主，間接淪為國際政治的工具。舉例來說，2015 年 1 月，歐洲聯盟為了烏克蘭衝突曾揚言要將俄羅斯銀行排除在 SWIFT 之外。儘管目前沒有很強的地緣政治風險（中美和中日之間確有明顯緊張局面），中國領導層或許不想自找麻煩，以免發生因為政治施壓而遭報復，中斷了人民幣支付。

¥ 點心債市場

除了充足的流動性和供支付的基礎設施外，在中國股債市有充足的國際參與，也對國際使用人民幣相當重要。理由有二，第一，若能更多人納入金融資產，可鼓勵人民幣為投資和融資的目的而累積。譬如，中國企業可以在債券市場舉債，然後運用所籌集的資金對外投資，甚至可以匯入國內投資。相對地，只要有不單光是存在離岸銀行的人民幣資產，外資也可能更有意願持有人民幣。人民幣計價的工具愈多，持有人民幣的負擔和約束就愈小。因此人民幣借貸對中國貨幣的發展很要緊。

建立人民幣計價的債券市場的第二個理由，乃在於這樣的市場有助「發掘」人民幣計價其他資產的價格，也因此支持市場多樣化。因為發行人民幣債券的機構不同——有主權的、有跨政府的、有企業的，各有各的殖利率和期限，也由此建立了殖利率曲線和基準利率。其他發債機構也跟進，使殖利率曲線漸漸成形。一旦人民幣計價債券市場建立起來，也可以發展其他金融工具，比方說需要債券來保障理賠曝險的保單，還有需要債券來提供穩定收入的投資和退休基金。發展良好的債市也是發展資產管理事業的一大關鍵：資產管理供應資金給債市，債市則藉著資產管理產品來提供投資機會。此外，流動而多樣化的債券也支撐像衍生性商品等避險工具。各式各樣的避險工具能吸引外國公司使用人民幣來報價並結算貿易交易。

發展最成熟的人民幣計價離岸債券市場，就是香港暱稱「點心」市場所發行的**「點心」債**，以示與中國大陸在岸的「熊貓」市場相區隔。點心債市場 2007 年開辦（在人民幣貿易結算規畫之前），人行和國家發展和改革委員會開放設籍中國大陸的商業銀行和企業在香港發行人民幣計價債券。

同年，國家開發銀行在香港發行金額人民幣 50 億元的人民幣計價債券。內地的大型商業銀行紛紛跟進，也在香港發行人民幣債券。譬如在 2007 年，中國銀行開辦相當於人民幣 30 億元的發債。[27] 2009 年 10 月，中國財政部在香港發行人民幣 60 億元的主權債，是首度在內地之外發行公債。[28]

這些都是測試市場參與者反應和意願的實驗（是國家在一定程度上可控制的）。不過真正的突破是在 2010 年 8 月，跨國速食連鎖業者麥當勞發行價值人民幣 2 億元的債券，票面利息 3%，三年到期。這是第一家外國公司且是第一家非金融公司在點心債市場發債。這也開啟香港和外國公司密集發債的時代。

從 2007 年到 2015 年 11 月，[29] 點心債發債總數超過人民幣 4,430 億元。發債機構來自各行各業，舉凡消費品、金融商品、工具、機械都有；來自不同國家，包括香港（合和公路基建），日本（日立金融、三菱日聯金融集團、三井），南韓（韓國進出口銀行、CJ 全球），馬來西亞（國庫控股的伊斯蘭債券），台灣（新焦點汽車技術、陽光能源），美國（卡特皮勒、福特），還有幾個歐洲公司（滙豐、聯合利華、VTB 資本、大眾汽車、特易購）。

2009 年點心債剛起步的時候，香港債市以港幣為主，98% 的債券以港幣計價。如今，點心債占香港債市發行量已逾六成。[30] 身為金融中心香港也漸漸擁有更多的人民幣交易工具。

發行人民幣債券的邏輯很清楚，發行機構發現這麼一個

舉債成本更低的市場可供利用，因為香港利率更低，發行點
心債比熊猫債還便宜（全球金融危機以來一直如此）。以麥
當勞為例，在香港籌資可占利率比在岸市場更低的好處。籌
到的資金可以經由新建立清算行的管道再匯到內地。（麥當
勞等直接投資中國大陸的跨國公司擁有匯出入資金的極大自
由。）

　　同時，在離岸市場有人民幣計價債券可用，國際投資人
便可以分散投資部位，並且投資一個至少到最近還會增值的
資產。在離岸和在岸市場之間有這麼一個挪移資金的管道，
讓整個過程更便利，也更有吸引力。

　　推動點心債市場的多方力量，應可持續帶動市場成長。
首先是中國經濟成長和轉型的力量，雖比以往緩和，仍相當
可觀。中國企業要「走出去」（第二章討論過）的推動下，
加上銀行業面臨的瓶頸，確保了一個為維持現有並建立新事
業的穩定資本需求。另外，預期人民幣穩定升值的心理，也
提供一定的拉抬力道，不過這個趨勢已在 2014 年轉向。此
外，投資離岸市場發行的債券，也是國際投資人投資中國債
市最方便的途徑。最後，還可以切割國家風險和貨幣風險，
這對外國投資人和其他市場參與者也是一個誘因。在離岸市
場買人民幣債券，國際投資人可免於一切風險，就連與中國
大陸相關的政治風險也沒有。在離岸市場，投資人也較有保
障，較不必擔心人行更主動且依賴證券市場來取得流動性時
所產生的市場波動，這也已反映在離岸和在岸市場之間的債
券利差上。

離岸債券市場雖有這麼多明顯的好處，卻有一些重大障礙。儘管點心債市頭五年規模增加一倍，但殖利率曲線仍受限制，且幾乎沒有次級市場。這兩個元素（多元化形成的殖利率曲線，反映不同殖利率和期限債券的廣泛供給，而活絡的次級市場可以讓投資在債券到期前買賣債券）是債券良好運作的必要條件。債券殖利率平均略高於 4%，平均期限約在三到四年。障礙不在於缺乏解決問題的努力：中國財政部一直積極發售不同期限的債券，提供其他發債機構的訂價參考，甚至在 2013 年 6 月發行首批 30 年期離岸主權債。障礙也不在於缺乏國際投資人：國際金融機構 2013 年發行的人民幣債券約占 7%，而海外非金融企業發行量所占比率最大，約占 33%。

中國貨幣當局也深知有必要發展更有流動性且更多元的債市，而在 2013 年 11 月 的三中全會和在十三五規畫（2016-2020）所重申的改革計畫也著重資本市場的改革和開放。[31] 然而，如此發展牽涉到銀行業的改革，更廣泛來說牽涉到中國企業和省級政府治理上的改革。

¥ 管理人民幣流向的管道

極重要的市場基礎設施已經建立起來，人行也提供流動性，人民幣和人民幣計價資產的需求應會有所提升。但也面臨一些棘手的情況。按現有的限制，誰可以投資在上海和深圳掛牌股票和債券？中國人自己又要如何投資在境外掛牌的股票和債券？為便利資本交易和投資，北京貨幣當局已引進（或擴充）一套字母組合的計畫：合格境外機構投資者（QFII）規畫，第四章已提到，讓外國投資人買賣在岸證券交人民幣計價的「A」股；人民幣合格境外機構投資者（R-QFII），讓外國投資人利用離岸人民幣資金投資中國大陸的資本市場；境外人民幣直接投資（R-ODI），讓中國大陸企業將在岸人民幣資金投資海外；人民幣外國直接投資（R-FDI），允許「境外企業、經濟實體或個人」在大陸用人民幣來投資；合格境內有限合夥人（QDLP）2015 年 4 月開辦，允許海外資產經理人設立合格的境內私人人民幣基金，投資海外證券市場。[32]

這些規畫如何運作？不妨以 R-QFII 為例，中國貨幣當局對有人民幣離岸市場的金融中心提出投資配額。這個規畫 2011 年建立之初，香港擁有人民幣 2,700 億元的投資配額，規畫在 2013 年擴充，新加坡和倫敦也各分配 500 億元和 800 億元的配額。香港自 R-QFII 啟動以來，金融中心大幅增長，逾 40 家中國大陸公司前來設點，管理由內地流出的資金，並從事基金顧問事業。成長太快，香港金管局曾與人行討論是否增加配額。[33] 其他的規畫也大受歡迎，2013 年至 2014 年間，R-ODI 規模翻漲一倍至人民幣 1,870 億元，R-FDI 增長近一倍至人民幣 8,620 億元。[34]

新政策不斷推陳出新。舉例來說，滬港股票市場交易互聯互通機制（簡稱滬港通）2014 年 11 月生效（曾拖延一陣子，據稱是因為北京不滿「占領香港」示威活動）。在這個機制下，中國國內股市首度直接對外國投資人開放，特別是散戶和全球避險基金，不須執照或官方批可，也讓中國國內投資人得以藉由香港股市投資國際資產。

這些措施都採配額制，其他對離岸市場的規畫是如此，一般中國大陸的新措施更是如此。香港可以從上海證交所的上證 180 指數和上證 380 指數成份股、以及所有在上海掛牌的 A 股和 H 股，買進價值人民幣 2,500 億元的股票。同樣的，中國大陸的投資人可以買賣在香港交易所不超過人民幣 2,500 億元的股票。每日最多可以有人民幣 130 億元由香港流向內地股市，而每日也可以由人民幣 105 億元由上海流向香港。[35] 在啟動之初，大陸有超過 15 萬個投資人註冊，準備在上海證交所交易香港掛牌的股票，不過在第一天交易時，每天買賣額度只用了 20%。[36] 但另一方面對上海掛牌股票的需求卻非常強勁，第一天到下午 2 時，境外投資當天的額度即已用盡。[37]

儘管一開始需求很強，但在交易的頭幾個月看起來沒有特別成功，大陸投資人的每日交易額度用不到 3%，國際投資人也只略高於 20%。不過後來，交易量開始顯著成長，形成雙向投資的渠道。[38] 在 2016 年 4 月，上海證券所已用了逾半配額，總成交值逾人民幣 3,500 億元，單日平均成交值約 30 億元，少於 2016 年 3 月的 40 億元。[39] 而在香港交易所交易較不熱絡，額度用不到一半，總成交值近人民幣 3,500 億元，單一平均成交值約 29 億元。[40]

最後，漸進化實施新政策的這套制度（每個政策各有

配額）讓官方保有對資本流動的掌握。值得重申的是，發展
離岸市場，乃是讓此配額制呼應人民幣國際化政策的一個途
徑。除了香港以外，還有什麼金融中心更適合作為人民幣樞
紐呢？

¥ 香港：一國兩制

　　香港與中國的人民幣策略息息相關，這點毫不令意外。
香港既是中國在區域貿易的轉運站，又是主要的國際金融中
心。[41] 對中國大陸的外國直接投資逾六成由香港經手，銀行
也已有多年與內地往來。不過，香港的立法、司法、行政
管制體制是英國殖民地直到 1997 年所傳承下來的狀態，與
中國大陸通行的體制不同，按鄧小平的說法，就是「一國兩
制」。[42]

　　多年來，中國官方一直設法將香港的資本家專業與中國
由計畫轉型至市場經濟體相結合。香港在中國大陸發展所扮
演的地位，就連鄧小平也露骨地鼓吹，應保留香港資本化、
自由市場體制，希望香港能保持「100 年而非 50 年不變」。
[43] 鄧小平時代以來，香港主要的實力就在於擁有穩定且自由
的環境，足以吸引並留住最成功的企業和大量有最好教育背
景和企圖心的人才。儘管 2014 年發生「占領香港」抗爭，
也無損香港的吸引力，與北京的關係也未產生不可逆的傷
害。

　　在中國人民幣策略的脈絡下，香港的特殊地位提供一個

在中國大陸以外使用人民幣的試驗場。藉由香港，北京可以漸進而可控制的範圍內試驗著開放金融市場。至於香港，雖是中國貨幣策略和金融改革不可或缺的一環，卻給予在岸和離岸市場之間必要的區隔。保持這些市場的分別，卻在同一國家，原則上能讓中國貨幣當局監控外部資金在離岸和在岸帳戶之間的流向，避免資金大量湧入，形成國內金融市場的不穩定性。[44] 同時，這些市場也提供離岸操作所必要的人民幣流動性，因此，香港並不是一個純粹的離岸市場。

香港身為 **人民幣的試驗場**，便有機會重新介定相對於內地的角色，營造為更圍繞著人民幣策略的金融服務業。闡述香港政府主要方針的重要政策文件〈2009-2010 施政報告〉陳明要「在國家推動人民幣區域化和國際化時，我們可協助加強金融安全，發展離岸人民幣業務」。這份報告決心「要充分利用一國兩制下的機遇⋯發展為匯聚國內外資金及人才的國際融資、資產管理和離岸人民幣業務中心」。[45]

香港中轉占多數的人民幣業務，經手近八成的人民幣跨境貿易結算和約八成的全球人民幣支付。[46] 人民幣資金經由貿易支付和其他管道流入，成為在市場可以運用、調度、自由兌換的人民幣存款。這個發展不僅止於銀行，多年下來，香港已在這個人民幣市場發展其他事業，像是外匯交易和財富管理。這些資金流正反映人民幣策略和自我加強的主要元素，帶來的結果就是人民幣業務快速發展。譬如，香港的人民幣離岸外匯市場這幾年從無到有，成為亞洲主要的貨幣市場，深深影響、也漸漸改變這個身為全世界首要金融中心城市的生態和運作。據 SWIFT 統計，[47] 人民幣目前是中國大陸和香港之間使用次多的貨幣，占跨境支付大約 12%。[48]

然而，儘管近年來多所突破，人民幣業務也大大擴展，香港銀行的人民幣存款僅占總存款 8%。據香港金管局數據，2016 年 3 月止總存款近港幣 11 兆元：逾半約港幣 5.3 兆元以港幣持有，其餘為外幣。[49] 相較於中國大陸的銀行總存款為逾人民幣 90 兆元，香港人民幣存款的規模顯得更小。[50]

香港人民幣離岸市場顯然還有進一步發展的空間。不論如何，由於與中國大陸特殊的關係，香港已遙遙領先其他所有國際金融中心，就人民幣存款量而言（我會在下一章討論），讓渴望在人民幣離岸市場占有顯著分量的市場望塵莫及。香港也持續享有先發優勢，尤其是銀行業。香港也因為離岸流動性大，給予初級市場債券發行和次級市場 人民幣產品交易的一個平台，這也讓香港占有比競爭者強的絕佳優勢。

不過，香港可能不會保有領先地位太久。正如我所強調，人民幣策略是一個經過多階段過程的工作。北京圍繞人民幣的實驗不論就政策和地理位置，已向其他方向拓展。

香港的風險在於可能漸漸不再是此策略的中心。我在下一章會討論，其他金融中心也發展人民幣業務，漸漸與香港競爭。一旦人民幣離岸市場成為純離岸市場，也就是說，中國終於全面開放資本流動，競爭會更加劇烈。另外，中國貨幣當局已開始實驗其他辦法，在可控的情況下開放資本帳。
我在下一章討論的自由貿易區，勢將發展為開放非居民的在
岸人民幣市場，我不禁要問，這最後會不會讓離岸市場在中
國的人民幣策略顯得無足輕重。既然可以經由自貿區直接進
入中國市場，外國投資人和企業就可以不經過香港的人民幣
離岸市場，也將降低離岸市場在人民幣策略的中心地位。

THE PEOPLE'S MONE¥

人民幣的

流通

中國在區域間的貿易為人民幣離岸市場
帶來推進力，這個離岸市場建立在大中
華區和周邊國家的人民幣流通上。
因此不令人意外，人民幣最大也最多樣
化的市場在亞洲⋯⋯。

　　當構成人民幣策略的政策開展時，並沒有很多人看好這個兌換受限、國際流通也受限的貨幣有什麼勝算，況且它是由一個威權政府和組織所發行，並未遵照西方民主自由化的常規。很多評論家，不分中國海外，認為貿易結算和離岸市場的規畫注定失敗。不過，市場尤其在大中華區和周邊國家的參與者，莫不對此推動人民幣往前的措施躍躍欲試。（某個程度來說，市場參與者比中國企業領袖和學者更能接納新政策路線。）

　　短短五年多，我所稱的中國人民幣策略，由原本目的在擴大人民幣跨境貿易使用的小而低調的試點規畫，長成為政策面涵蓋更廣的全盤運作計畫。中國貨幣當局運用貿易建立了使用人民幣的平台，並在香港建立離岸市場基礎設施，具備結算、支付等銀行設施來便利人民幣在貿易和投資的用途，不僅由此建立了人民幣在中國和鄰國之間自由流通的管道，也形成在區域內特別是鄰國間實質貨幣流通的架構。

　　因此，**人民幣流通已「正常化」**，香港也形成一個運作良好的人民幣市場。若要充分了解這個措施的影響力，不妨回想多年來商人拉著裝滿人民幣的行李箱，跨境到香港存錢的日子，為的只是要能支付國際交易並對外投資。開通正式的金融管道，並鼓勵比方在雲南省作買賣的緬甸玉石交易商在中緬邊境接受人民幣，就是一個正面的進展。[1]

　　中國官方雖然繼續維持低調，卻對人民幣懷有不只是成為優勢的區域貨幣的雄心。這份雄心顯見於國際貨幣基金（IMF）2015 年考慮將人民幣納為特別提款權（SDRs）基礎的一籃子貨幣所產生的熱切期待心理。在中國不分產學媒體界很多人堅決認為人民幣值得如此的認可，以強化作為關鍵國際貨幣的地位。IMF 也同意，人民幣如今是 SDR 可交易的貨幣之一（其他為美元、歐元、日圓、英鎊）。正如 IMF 總裁拉加德（Christine Lagarde）所強調，[2]**SDR 一籃子納入人民幣，是「中國的一個里程碑」**。起碼可以正式說，人民幣不再是矮人一等的貨幣，而已成為其他關鍵國際貨幣平起平坐的一員。

人民幣從此何去何從？香港為其他亞洲金融中心乃至於全世界建立一套離岸市場的政策範本。考量現有資金進出中國的限制，中國若要支持國際流通和人民幣使用，就是要藉由這樣的拓展。當然，由於這些市場受限於人民幣兌換的限制，規模大小仍取決於中國貨幣當局的供備。因此，中國政府和有意建立離岸市場的國家之間的合作十分重要，這些國家必須接受、至少目前如此，只能有限度的機會開發純離岸市場。既要合作，就難免在原本只是技術和商業的問題中摻雜政治因素，因此不令人意外，其他人民幣離岸中心，都是在中國影響範圍之下的國家（台灣也是如此，因兩岸貿易規模和範圍很大），或者是與北京商業和外交關係友好的國家。

在本章，我要探討中國的人民幣策略如何延伸境外，創造人民幣在東亞之內以外、甚至跨越亞洲的更大流通條件。人民幣在國際流通增加了，如今也在國際版圖上站得更穩。不過，在亞洲之外的規模仍然很小，而種種缺點和約束，可見人民幣接下來的發展可能跨越離岸市場（我在本章下半會討論）。

¥ 擴大離岸業務

　　香港在發展國際使用人民幣扮演極重要的角色。離岸市場的成功發展，也帶來競爭，並形成亞、歐洲在內其他金融中心投入人民幣這個成長中市場的誘因和動力。今天，人民幣離岸市場總共建立了十餘個。除多倫多和多哈之外，全都在亞太區（雪梨、吉隆坡、新加坡、首爾、台北、東京）和歐洲（倫敦、法蘭克福、盧森堡、巴黎、蘇黎世）。清算行的數目也增加了，全世界一共 14 家，其中一家 2015 年 5 月開在智利，成為拉丁美洲第一家，另有一家 2015 年 4 月開在卡達，成為中東第一家。

　　考量中國在全球經濟的重要性，主要國際金融中心和亞洲的區域金融中心發展人民幣業務也極為重要，對新加坡和台北來說更加舉足輕重，這兩地基於不同理由和互動，與香港處於競爭態勢。新加坡正面與香港競爭，爭奪亞洲首要金融中心的地位。台北的競爭比較是區域性的，人民幣業務與台灣對中國大陸的貿易關係息息相關。

　　中國的人民幣策略對這兩個中心都有影響力（只是程度較香港小），兩地如今也是僅次於香港的人民幣離岸市場。人民幣金融業務對兩地都很重要，新加坡 2015 年 12 月的人民幣存款將近人民幣 2,000 億元，台北 2016 年 1 月止逾 3,700 億元。這兩個中心各有一個清算行，在新加坡是中國工商銀行，在台北是中國銀行，讓這兩個中心的銀行能夠開立人民幣帳戶。

新加坡在國際外匯市場和大宗商品交易市場，占有比其他金融中心更強的優勢，地處東南亞國協（ASEAN）的境內，又屬區域內廣大貿易網絡的一環（新加坡約有 55% 貿易是在亞洲境內）。因此，新加坡可以提供一個平台，便利中國和東協間貿易使用人民幣。企業和個人如今在新加坡可以在參加行開設人民幣帳戶，這些銀行可支付並接受人民幣跨境貿易交易。（在新加坡開放人民幣清算服務之前，大部分離岸人民幣結算會經由香港。）

據滙豐公布的一份調查，新加坡約有 15% 的企業使用人民幣結算跨境生意。[3]人民幣外匯平均日成交量在啟動頭一年增加幾乎一倍，2013 年 1 月至 12 月由 160 億美元增為 310 億美元。新加坡也發行總金額人民幣 75 億元的人民幣計價債券，目前已有多家銀行發行人民幣債券。滙豐率先發行 2 年期的債券，總金額人民幣 5 億元。

台北是規模小於新加坡和香港的金融中心，但擁有一個凌駕於這兩大金融中心的重要競爭優勢：就是**與中國大陸深廣的貿易關係**。[4]

中台之間商業關係既深且廣，不僅推動了人民幣業務，也產生人民幣離岸市場的流動性。象徵兩岸關係改善的三項金融監理合作瞭解備忘錄，[5]以及人民幣管道開放，使台灣企業更容易進入中國大陸資本市場。迄 2013 年止，台灣的銀行可以接受人民幣存款，人民幣結算管道也便利銀行和貿易公司挪動人民幣貿易結算規畫的資金，不僅流程更快，成本也變低。因此，台北每月人民幣存款成長率 2013 年 2 月一度達到 45% 的高峰。[6]

人民幣如今已可以在亞洲其他國家交易，像在東京和首爾，都有人民幣對日圓和韓元的牌告匯價。日圓和韓元也能直接在上海的外匯市場交易。

原則上，直接交易可以在兩國貿易往來之時降低依賴美元，但流動性仍然有限。（以南韓市場為例，原因之一是人民幣和韓元直接交易 2014 年夏季才開始。）從事大宗交易的市場參與者仍偏好使用人民幣作為結算貿易的工具貨幣。尤其，中國和日本雙邊貿易使用人民幣結算仍非常有限，兩國因釣魚台列嶼問題而關係緊張。[7]

¥ 前進倫敦

貿易是人民幣業務在亞洲擴展的成因，從中國和鄰國貿易和金融深厚的關係來看，這毫不意外。不過，英國雖是中國在歐洲第二大貿易夥伴（尤其對中國出口而言），僅次於德國，[8] 倫敦的人民幣離岸市場尤其在亞洲以外的發展，卻主要是金融而非貿易的因素。人民幣在倫敦這個全球市場的發展，可以看見中國的發展已超越亞洲區域策略，也超越區域化貨幣的發展。

倫敦處亞洲、歐洲、北美三地的樞紐，乃是全世界首要的國際金融中心。倫敦擁有很多優勢：時區適中、法律體系

健全、監管架構完備、專業人才充沛、創新和風險管理乃至
於開發歐洲美元市場的紀錄均可圈可點。[9]對中國更有利的
是，很多中國的商業銀行在倫敦均有設點。倫敦已是人民幣
外匯交易的一個重心，2014 年年底占全球人民幣境外現匯市
場 67%。[10]

倫敦 1960 年代和 1970 年代開發歐洲美元市場時，在離
岸金融累積雄厚的專業實力。然而，當初建立這個市場，與
中國官方發展人民幣本質上路線不同，原因來自英國的銀行
有意避開英鎊匯率管制，美國的銀行也有意避開國內監管，
所以由市場主導。[11]而人民幣離岸市場由政策主導，需要英
國財政部和「倫敦金融城」（City of London，主管金融中
心發展的地方主管機關）與北京和香港當局密切配合。

雙方合作在 2011 年 9 月展開，英國財政大臣歐斯本
（George Osborne）和中國副總理王岐山於第四次中英經濟
財金對話上，宣布在倫敦合作開展人民幣離岸市場。在此之
前已有加強香港和倫敦之間合作的民間論壇，也成為一年兩
次的重要會談，讓英國財政部和香港金管局的決策者規畫市
場發展，並向北京提出政策建議。因為這場對話的關係，倫
敦市場採取和香港一樣的發展模式，如今已具備所有離岸市
場所需的項目：一家清算行、與人行簽訂的換匯協議，還有
一個債券市場。

儘管人民幣業務在倫敦大幅成長（一年約 37%，由企業
存款所帶動），相形之下卻相當微小。2006 年 1 月人民幣規
模大約人民幣 500 億元，約半數屬企業帳戶[12]，比起香港甚

至新加坡的人民幣存款少得多了。至於債券市場，滙豐 2012年 4 月率先發行中港之外首宗人民幣債券，籌資人民幣 20 億元。歐洲投資人認購這批 3 年期債券（息率 3%）約有 2/3，其餘歸亞洲投資人。[13] 此外還創下好幾個第一，包括離岸市場最大宗人民幣發債（2014 年 1 月由中國銀行發行人民幣 25 億元的債券），以及頭一個中國以外的主權債（英國政府 2014 年 10 月發行人民幣 300 萬元以支應官方儲備，在此之前英國外匯存底僅持有美元、歐元、日圓、加元）。[14] 但目前為止，總發債規模也只有人民幣 290 億元。[15] 主要還是象徵性的，凸顯中港英三方建立人民幣離岸市場的共同努力，[16] 也展現彼此的商務和外交關係，彰顯中國與西方金融接軌。[17] 然而，人民幣計價債券藉此帶動的需求並不多。

　　不過，英國參與人民幣策略並推廣人民幣在倫敦使用，反正沒有損失，且潛在益處無窮。這些益處很明顯：更加多元、趁早布局這個有潛力壯大的市場、與中國商務和外交關係也更緊密。尤其，這對英鎊地位毫無威脅。有一位英國事務官曾告訴我，**關係不在於人民幣，而在於參與中國的貿易和投資**：這是一個響應（joint-up）的政策。

¥ 美國落居在後

　　許多最近開放人民幣業務的歐洲金融中心，也是同樣的邏輯。人民幣計價債券在盧森堡、巴黎、法蘭克福均有上市，在櫃枱市場交易。盧森堡在這個市場占有極佳競爭地位，因為這裡是中國工商銀行、中國銀行、中國建設銀行在歐洲總部的所在，無論是存放款、註冊債券、共同基金的資產，在歐洲的規模都是最大。盧森堡也是中國投資人進入歐元區的樞紐和入口。至於法蘭克福和巴黎，兩地的優勢在於德、法和中國之間密切的貿易關係。譬如，德國企業如今可以進入在岸和離岸人民幣債券市場，戴姆勒（Daimler）是第一家在中國銀行間市場發債的歐洲企業。[18]

另一面，對美國而言，利害關係就大了。人民幣直接與美元競爭，人民幣崛起有政治外交上和商業上的影響。而且，從國家主席習近平 2015 年 9 月在華府的國事訪問，可以明顯看出兩國尤其是在新聞審查、網路安全、南海等問題上頗有爭議，關係於是比較冷淡。所以在美國沒有人民幣作業的中心，就不令人意外了，歐巴馬政府也沒有參與人民幣市場的任何準備。因此，美國儘管身為全球最大的金融市場，又有數一數二的大銀行，**美國在中國以外離岸外匯交易量卻不到 13%**。美國的個人和企業可在多家銀行交易人民幣，但中國銀行對美國居民可兌換的額度有每天 4,000 美元（一年 2萬美元）的限制。

美國始終沒有介入人民幣策略的論辯，尤其在 IMF 調整SDR 一籃子貨幣組合之前，在公開場合刻意不談這問題。英國不顧勸告，加入北京主導的亞洲基礎設施投資銀行後，美國決策者一直避免多說什麼，以免製造更多尷尬，也怕國會又藉題發揮來「修理中國」（China bashing）。（中國因致力於人民幣國際化，近年來已減低國會的攻擊力道，而在

2015 年人民幣走貶，再度引發操縱匯率的指控。）然而，在幾次個別的私下談話中，我聽到多位美國決策者同感關切的，一是中國企業已獲准境外籌資，二是人行最近開放中國市場的管道不足。從他們的觀點來看，與中國貨幣當局合作，在美國成立人民幣離岸市場毫無意義，因為這麼一來形同**直接威脅美元**，就算對美元的影響不值一慮，也可能招來美國國會無理取鬧的反應。

美國在人民幣離岸市場擺明的缺席，讓多倫多有機會（人民幣離岸中心和清算行於 2015 年成立）成為美洲首要的人民幣中心，溫哥華也可能跟進。中國是加拿大第二大貿易夥伴，與大多數其他經濟體一樣，加拿大認為人民幣國際化是加深與中國雙邊經貿關係的機會，也能布局成為北美首要的人民幣金融樞紐。所以與中國在人民幣市場合作，既是一個外交政策的問題，也是當地資本市場的機遇。

¥ 去風險、擴大市場與走出去

從如此蓬勃的全球擴展來看，中國在發展人民幣大獲全勝，由一個小試點規畫壯大到龐雜的政策架構。我在第六章討論過，人民幣策略的一個目的是要**鼓勵人民幣在國際間流通，減低對美元的依賴**。擴大在國際間使用人民幣，卻不必全面開放資本流動，的確是可行的。

中國進出口逾 20%（規模人民幣 1.65 兆元）採人民幣結算，[19] 從 2009 的零，到 2010 年的 2%，[20] 達到如今的規模。2016 年 3 月，人民幣拉下日圓，在全世界十大支付貨幣中排名第四，2013 年 1 月不過才幾年前，人民幣的排名是第 13。人民幣如今在國際貿易金融中是使用第二多的貨幣，僅次於美元。人民幣用於貿易金融（信用狀和託收）2012 年 1 月的比率還不到 2%，如今已增加到大約 9%。[22] 終於在 2005 年 11 月底，IMF 宣布將人民幣納為 SDR 一籃子。

然而，人民幣增加了流通，卻沒有讓中國降低對美元的依賴。事實上，國際化的過程開展以來，美元就不斷在中國外匯存底加速累積。2010 年底至 2014 年 9 月止，中國外匯存底持有的美元增加了 50%，達到歷來最高的 4 兆美元（後來下滑，2016 年 5 月已下滑 20% 至 3.2 兆美元，原因在於資本外流和人行需要用來管理人民幣的匯價）。所以，中國只達成了最初目標的一半，雖成功推廣人民幣成為國際貨幣，卻無助縮減對美元的依賴。

中國人民幣策略其他的目標是要**去除匯率風險、降低交易成本、擴展人民幣業務突破區域性交易的格局、支持中國企業走出去、發展市場基礎設施、擴大人民幣市場**。這些目標同樣有好壞參半的結果。

人民幣貿易結算提供中國企業一個排除匯率風險的方式，也降低交易成本。我們知道如今有多少貿易採用人民幣結算，但當我們想知道有多少中國貿易是以人民幣計價和報價時，這個數字就有點模糊不清了。多數的中國企業仍繼續採用美元作為貿易交易的計價單位，意思就是他們還是甘冒匯率風險。此外，也很難評價中國企業的交易成本是否真的降低了。

　　人民幣貿易結算機制尤其可能有這種情況，因為這個規畫的規定和條件太多（中國政策實驗經常如此），如此也產生額外的成本。舉例來說，光是申請像是 QFII 的安排，過程就要耗上兩到四個月，很多企業認為花費時間和金錢來準備，就是不必要的負擔。

　　至於擴展人民幣使用的範圍並促使中國企業走出去，成功也局限於區域，區域內人民幣的貿易和金融交易的確顯著增長。近三年來，亞洲十國中有七個，其中有南韓、印尼、馬來西亞、新加坡、泰國，跟人民幣比美元還密切。[23] 這也符合中國作東亞生產和投資中心也作區域內供應鏈樞紐的地位。中國與鄰國商品貿易額一年約有 1.4 兆美元，[24] 大約 22% 是與東亞國家的產品貿易，遠高於 1991 年的 2%。對這些國家來說，中國是最大的貿易夥伴。譬如，越南有二成是對中國貿易，而中國僅不到 1% 是對越南貿易，於是越南對中國貿易逆差大增。[25] 像一帶一路的新倡議目的也在協助中國企業走出去並擴展人民幣的使用範圍。這些措施從中國對外投資很明顯可以看得出來，光是 2016 年前兩個月就大增 70%，達到總共 300 億美元（其中對一帶一路本身的投資增加 40% 至 20 億美元）。[26]

　　最後，儘管人民幣市場快速成長，在規模和範圍上仍相當有限。成長主要集中在香港，流通在外的人民幣放款約占總放款 35%，相當於大約人民幣 5,000 億元。香港流通在外的人民幣銀行存款流動性約為人民幣 8,000 億元。其他中心的規模遠遠落後。

　　總而言之，人民幣主要還是一個**區域性貨幣**。中國在區域間的貿易為人民幣離岸市場帶來推進力，這個離岸市場建立在大中華區和周邊國家的人民幣流通上。[27] 因此不令人意外，人民幣最大也最多樣化的市場在亞洲，尤其在新加坡、香港、台北，至於其他地區和其他新興國家（像是南非和巴西）發展腳步就緩慢得多。[28] 目前為止，人民幣策略已成功推動區域化，或稱說「亞洲化」，但算不上國際化。

¥ 管制流動性的背後問題

　　人民幣策略落實之後，產生若干不利的後果。舉例來說，套利和投機盛行，迫使人民幣吸收流入的資金，累積更多美元。的確，不少大陸企業進出在岸和離岸市場市場，利用兩地匯率對美元的利差，作為套利的機會。2011 年以來，大陸進口商便已可以從國內在岸未完全流通的人民幣（CNY）和離岸完全流通的人民幣（CNH）之內匯差中獲利。因為美元在離岸市場比較便宜，業者可以從離岸無本金交割遠期外匯市場藉買美元賣人民幣、在岸市場賣美元買人民幣來獲利。需求上揚，維持人民幣在岸市場的使用量，形成一個需求和升值的循環：更多流入的資金導致更多升值，更多升值吸引更多資金流入，想從人民幣「單向走勢押注」來獲利。人行必須干預來吸收美元，為的是要管理匯率並滿足人民幣的需求，美元存底也隨之擴大。（2015 年一次調降人民幣擋住了這類套利活動。）

CNY 和 CNH 之間匯率差異往往表示人民幣的根本壓力。在岸匯率高於離岸匯率，就指明 CNY 升值的壓力，在岸匯率低於離岸匯率，就指明貶值的壓力。這些差異也是區隔在岸和離岸兩市場的資本管制無效率的結果，譬如，離岸市場匯率升高，指明並未很有效管制資本流入。結果就是資本在經常帳無力緩衝變化之下流入境內。[29]

儘管中國設法管制這些「熱錢」（短期投機的資本流動）流入大陸市場，企業卻已找到辦法來繞過現有管制。人民幣貿易結算規畫提供往來香港大陸之間轉移資金的主要而合法的機制，但此機制僅支持用於支付商品的資金往來，非用於投機目的。但藉浮報貿易單據，企業可以悄悄挾帶投機的資金。譬如，某家大陸公司銷售商品給香港子公司，可以故意超報外銷，以便匯入超過貿易交易所需的人民幣。最盛行的一種作法就是浮報不易估價商品像是電路板的外銷單據，然後將投機現金轉換為貿易收入，在經常帳之下將美元轉換為人民幣。因此，這一部分資金完全是基於投機目的而匯入大陸，卻以支付商品為掩飾。[30] 前者是違法的，但後者是合法的。

中國公布對香港出口和香港公布自大陸進口的差異，即所謂報價的差距，可反映出有多少假報資金流入大陸的大略數字。報價差距 2012 年最後一季達到高峰，正是人民幣貿易結算規畫擴大實施的幾周過後，當時人民幣用於進口結算

的金額是用於出口結算的 12 倍。就算假設進口商使用人民
幣的意願高於出口商，譬如很多外國公司因進入中國市場更
容易而有更大誘因，這個差距仍相當可觀，也可解釋人民幣
直到 2014 年底為止的走強之勢。此差距後來大幅縮減，也
適逢人民幣走貶之時。[31]

　　實施人民幣策略的另一個缺點，在於北京當局對離岸市
場流動性的管制。儘管這對香港不是問題，但對在中國管轄
之外的倫敦和其他想參與人民幣市場的國際金融中心卻是一
種限制。需求一旦上揚時，市場若無法回應並滿足人民幣和
人民幣資產的實質需求，民間業者便可能感到挫折。

　　因此，中國的策略和民間業者需求之間存在一定的衝
突。英國政府和英格蘭銀行的官方聲明均暗示了這些顧慮。
正如英格蘭銀行所說，「官方部門可能在一邊扮演促成的角
色，但決定此類市場發展的關鍵仲裁者取決於民間部門是否
找到並滿足人民幣計價證券的根本需求」。[32]

¥ 離岸市場之外：經濟特區

　　中國必須謀求目前策略缺點的解決之道。我在第六章討
論過，中國人民幣策略本來就是在資本流動全面自由化轉型
期間來開拓人民幣使用的臨時手段。因此，離岸市場從來不
是一套永久實施的辦法。

　　事實上，早在 2000 年，中國貨幣當局即認為離岸市場
是權宜之計，目的在提供人民幣國際化的第一步。照他們的

看法，**資本帳全面自由化，終將提供人民幣的拉抬力道**，離岸市場屆時也不符時宜（至少政策推動的離岸市場是如此）。

但不久就很清楚看到，我在下一章也會討論，中國還沒準備好要開放資本帳。所以，新的領導人 2013 年 3 月上台後，中國又展開新一輪的政策實驗，要在有限制的條件下推行資本流動自由化，以便管制資金的出入。這些政策擴展到離岸市場之外，像是納入經濟特區。按韓博天（Sebatian Heilmann）的說法，這些特區是中國「分級制實驗」的代表象徵。[33] 這些特區給予地方和中央政府試行政策的途徑，舉凡工業製成品的進出口、土地標售、全資持有企業、勞動市場自由化，幫助當局發現問題，以便在推廣為更大規模實施方案並通行全國之前作必要調整。[34]

廣東、福建、海南 1980 年成立最早一批經濟特區。到 2007 年，一共有 72 個城市擁有「綜合改革試點」的地位。[35] 自由貿易區是經濟特區最近加入的一種型態，實施金融開放的實驗。2012 年，前海區（深圳市的一個區）劃定為自由貿易區，扮演人民幣國際化的金融樞紐。這個措施並未改善了什麼，卻實質實現在中國國內市場指定區域在控制狀況之下的資本流動全面自由化。上海自貿區隔年成立，規劃提供除離岸市場之外更多資本流動的管道。這些自貿區給官方有機會來試驗新政策，再推廣至其他地區，又可按國內狀況來調整配額，也能在經常帳全面自由化之前更熟悉資本流動的管理。

藉著自由貿易區和其他像是聯結兩大金融中心股市的滬

港通等辦法，中國找到了離岸市場之外擴充人民幣策略乃至於金融開放的途徑。而當然一路走來像是貿易結算和離岸市場，其構想完全在於促進資本流動全面自由化。

　　但這一路並沒有那麼篤定。在下一章，我會探討改革接下來攸關中國全面金融開放之路。我接著會探究，中國決策者和學者之間，關於人民幣若要轉為完全成熟的國際貨幣，中國經常帳是否非得全面自由化的議論。

THE PEOPLE'S MONE¥

關鍵 管理才是

CHAPTER
9

江澤民和季辛吉會談時曾經論道:「對於習慣西方文化的人,市場看來習以為常,但在 1992 年在這裡光講『市場』二字,都是很危險的事。」

2012 年 5 月，我在上海金融區參加一個私人晚宴。那時官方才剛宣布，上海 2020 年以前要成為中國的國際金融中心。給予上海如此地位，令在場人士振奮之餘，也引起熱烈討論。若要發展上海金融業，應有什麼樣的政策？要如何吸引並培育人才，更何況主要的競爭者香港有如此優厚的稅制？尤其，資本帳該如何加速自由化，以便資本自由流通進出於海外市場？這正是國際金融中心的主要先決條件。

北京中央並未對上海的發展計畫提出具體內容，很多人認定，在中國大陸一個完善運作的金融中心，必須要有可完全兌換的貨幣以及開放的資本帳，這呼應了中國人民銀行 2012 年按「十二五」（2011-2015）規畫所發布的發展暨改革計畫。[1] 明文所列的目標是要在 2015 年實現資本帳「基本」開放，僅對短期資金流動和匯率機制完全開放設限。

因此，2020 年成為人民幣全面可兌換的一個心照不宣的期限。在這些年，上海很多經濟學家和決策官員一致認為，中國資本帳自由化和人民幣國際化必須一起來作。譬如上海經濟學亞夫就認為，人民幣要達到完全成熟的國際貨幣，就非得開放資本市場，並允許在資本帳之下的人民幣完全兌換。美國的分析師葛藝豪（Arthur Kroeber）也抱持同樣的看法，不過他也承認，人民幣雖有擴大通行於國際的潛力，但他認為「極不可能」達到「**接近主要準備貨幣（像美元或歐元）[2] 地位的地步**」。日本學者伊藤隆敏則強調，中國必須「完全解除（人民幣）資本管制」，才能「成為真正的國際貨幣」。[3]

　　上海那場晚宴中，一位前人行副行長明白表示，除了開放資本帳，中國必須加速銀行及金融業改革，並符合國際市場的作法。開放資金進出國內市場，不僅可視為政策開放的自然結果，也是強制中國的銀行和金融機構改革的辦法，才能在國際金融市場競爭。這是一個破 沉舟的情況。談話中，多次拿中國加入世界貿易組織（WTO）和朱鎔基強制推動改革的理念當例子。我在其他討論中也一直聽到這種比較。國有企業為配合加入 WTO 的條件，紛紛轉型為公開上市公司，在股市有可交易的股票，也成為一個正面誘因可以帶動改革的例子。

　　另一面，對這種催促作法不以為然的人認為，開放資本帳必須循序漸進。他們的論點是，金融業尚未準備好，要讓銀行和其他金融機構得以在新環境存活下來，需要費上數年的改革。[4]

　　不管論點如何，兩派的主張都特別強調一個重點，即金融業是替實質經濟效力，而非實質經濟替金融業效力。[5] 一部分是基於歷史因素——早期改革者都隨同實質經濟的根本變化來推行金融改革，一部分是基於對最近金融危機的反應——中國領導人經常強調，金融除支持投資和經濟成長別無其他目的。因此，只為短期目標和扭曲經濟景氣並製造動盪的複雜工具之類的投機金融，據稱在中國金融業發展不該有一席之地。

　　時間向後快轉到 2015 年，也就是中國資本帳本該全面開放的一年，這類的論辯轉移了語氣和次序。按中共上海市委書記，也是中共中央政治局 25 位委員之一韓正的說法：
「資本帳可兌換，不等同於資本帳可完全兌換，這是不同的
觀念。」[6] 已不再是一種破斧沉舟的情況，而是有管理的可兌
換，或可稱叫**「中國式」資本帳自由化**，我在下面會加以討
論。貨幣當局如此可讓這些資本流動更便捷也更容易，一面
也能監控資金進出，還可干預來遏止非預期或過度的動態。
人行行長周小川 2015 年 4 月說到：「正如 IMF 建議的那樣，
在全球金融危機後，當非常規的國際市場動盪或者國際收支
出現問題時，各國可以暫時採取資本管制的方法。」[7]

與中國早期的人民幣策略不同，開放資本自由進出中國
市場，不再是官方計畫的一環。他們似乎更謹慎，也更清楚
知道，中國要達到資本帳完全自由化，就非得改變匯率安排，
由目前的管理浮動達到完全浮動匯率。否則，資金進出會使
人行更大動作地干預，在外匯市場買賣美元，來穩定匯率。

資本外流是官方直到前一陣子還鼓勵的，目的是為釋
放匯率的壓力，但問題看來比資本湧入更大，這從人民幣在
2015 年下半年至 2016 年初加速貶值可以看得出來。中國估
計有超過人民幣 40 兆元或相當於國內生產毛額（GDP）75%
的龐大家庭儲蓄，一旦達至自由化，光是少數比率的存戶將
儲蓄移往海外追求國際市場較佳報酬，帶來的影響就相當可
觀。另外，也可能引發更大波資本外流，進而導致更大幅貶
值，引發進一步的資本外逃。

　　但很顯然必須有所作為，況且金融壓制和匯率管理的成本是超過益處的。[8]銀行的支配地位、國家干預、金融壓制，無不扭曲金融資源的分配，也產生風險和失衡。[9]領導層要怎麼運用儲蓄，要分配資金給那個行業產業，乃在於誰對中國的發展最重要，而非誰最有利可圖。存戶在國內股債市可選擇的投資不多，擺在銀行存款的報酬又差，而相對地金融資源卻分配給無利可圖的計畫。

　　中國銀行及金融業現有的扭曲，不僅限制了人民幣作為國際貨幣的發展，也妨礙領導層追求中國成為小康社會的雄心。習近平 2013 年 11 月在中共第 13 屆三中全會講話，發表遠大改革方案，提升中國下一個十年的經濟表現時說：「經濟發展就是要提高資源尤其是稀缺資源的配置效率…著力解決市場體系不完善、政府干預過多和監管不到位問題。」[10]

　　中國領導層認為，資本帳自由化的過程必須漸進並隨政策調整（近年震盪狀況連連，像是 2013 年爆發的「縮減購債」〔tapering tantrum〕風暴，2015 年夏季和 2016 年初的股市震盪，都讓中國官方更加審慎），同時國內銀行及金融業必須改革得更健全而多樣化，也更有韌性。「十二五」計畫「穩步推進利率市場化改革…完善以市場供求為基礎的有管理的浮動匯率制度，推進外匯管理體制改革…逐步實現人民幣資本項目可兌換」。[11]「十三五」計畫也重申這個概念。

　　有待改革的清單冗長又細瑣，世界銀行在內的機構也建議，應進一步推動利率自由化、深化資本市場、加強監管及法制架構，並建立金融安全網。[12]在本章，我會著重討論利率和匯率，這兩者在人民幣邁向國際貨幣的發展上極為重要。改革執行起來極為複雜，金融壓制也很難拆除。要清理包括中國領導層本身和大型國有企業之間糾結的既得利益網絡，是充滿挑戰的工作。況且，要打破除多年來運作還不錯且能保障自身利益的制度，只怕官方意興闌珊。當經濟和貨幣考量和政治考慮重疊，結果就是能拖則拖，裹足不前。改革的腳步也因此非常遲緩。

不過幾年前，連中國官方本身在內的主流思維，乃是中國勢得實施全面資本流動，才能讓人民幣轉變為全面成熟的國際貨幣，並加速推動金融改革，迫使不同的利益團體就範。他們常拿中國加入 WTO 作例子：利害關係實在太大，系列的改革勢在必行。

然而，就銀行及金融業來說，藉著資本帳自由化來強制改革，不僅不切實際，且風險高昂。國有商業銀行和其他機構（國有企業到省級政府）之間牽連和重疊的利益太大，很難產生周小川 2010 年所主張由上而下的單一一套改革。[13] 與中國準備加入 WTO 之前幾年的改革不同，金融改革並不適合「一體適用」由上而下的改革。

如此可以很明顯看到，國內改革必須先於資本帳開放。因此，後者的時機取決於前者的步調，而所謂的人民幣國際化，就是兩者的總結，所以人民幣國際化是中國金融改革複雜過程的元素之一，而非主要推動力。由這個情況來看，要掌握人民幣成為國際貨幣最佳途徑，就是瞭解改革的結構。而且，由於國內銀行及金融業改革全面實施起來曠日費時，認識這些改革的過程，可以約略研判人民幣完全發展為國際貨幣的速度。

¥ 銀行及金融業的長征

改革銀行及金融體系，始終是中國由計畫轉向市場不可或缺的一環，只是改革走走停停，斷斷續續。鄧小平經濟改革整個計畫的主軸，是要為資本建立市場，這不僅是單就發展來說的，譬如有效分配可支持經濟成長的資本，更重要的是也是就意識形態來說的。所有權制和資本利用的論辯，正好觸及中國體制的根基緊張關係：「計畫與市場相對、中央管制與效率、國有與私有相對、平均主義與成長相對、黨與政相對。」[14]

鑒於整個改革過程的複雜性，容易執行也能短期看到具體成果、也就是所謂唾手可得的政策，往往比難以落實但長期更有效率的政策更有吸引力。官方必須戰戰兢兢地推動可能會有實質結果的改革，好贏得大幅整頓體制的政治支持。一位前人行高層官員私下告訴我，自鄧小平以降的中國領導人和決策官員開始實施市場導向經濟改革之時，重點都放在短期可提出也可行的政策，能以最好又最快的方式創造就業並壯大經濟成長。中國轉型為社會主義市場經濟體是相當大膽的，要大刀闊斧地幹並不容易。江澤民和季辛吉會談時曾經論道：「對於習慣西方文化的人，市場看來習以為常，但在 1992 年在這裡光講市場二字，都是很危險的事。」[15]因此，把重點擺在實現成果，並回應「經濟具體的需要而非意識形態藍圖」。[16] 這種決策務實的作法，是逾 30 年來所有措施的共同特徵。資本市場的發展，就是為了因應有關資本分配的個別問題：如何分配利潤、如何支應龐大的基礎建設、如何調整貨幣政策並控制物價上漲。

　　然而，這並不是說，個別的政策都是偶發而漫無目標的，而是照著領導階層所建立的一個大體的眼光和政策方向，也當然按著制度或政策改革的路線，並給予適時調整。[17] 中共 1997 年的第 15 次全國代表大會決定為許多民間部門的發展排除法律和經濟的障礙，並允許銀行放款給私營企業，就是一個實質轉向，也是一個重大政策轉向私有資本的例子。幾年後，全國代表大會在 2004 年又通過修憲來保障私有財產的權力，給予「私人財產」等同於「公共財產」的合法地位。這類政策照特定但轉變方向的調校，經常已釀多年，最後才能在一夕間通過並付諸實行。1999 年就是這樣的情況，朱鎔基在訪美期間宣布中國將按照原本抗拒的條件申請加入 WTO。

　　這種轉向私人財產權的發展，無論在政策上和意識形態上，也具體而微地展現這個演變。從完全依賴國有和集合企業轉向混合的「社會主義」市場經濟，[18] 私人企業進而扮演推動成長、創新和就業的主要角色。這個轉變明顯見於私營企業占總就業人口比率，已由 1998 年 58% 增至目前近 80%。[19] 與縮減國有事業政策相符的是，民營事業一直帶領銀行及金融業的轉型，銀行及金融業原本輸供政策放款給屏弱的國有企業的職責也漸漸得以釋放。舉例來說，深圳已發展為一個因應中小企業需求的金融中心，[20] 尤其對製造業和高科技業，也使金融更為多樣化。

然而，這些措施並未具體改變分配資本的方式，也因此未能導正扭曲和失衡的現象。

尤其，中國政治領導層、國有企業、大企銀行之間的深厚連結並未斷絕，銀行繼續提供金融資源給國有企業，以配合政府的政策目標。（第三章討論過）。因此，開放和壓制並存、鼓勵私有創新和國家繼續藉銀行及金融體系指導分配金融資源並存，這種突兀的現象始終未能矯正。就這方面來說，金融及銀行業的改革，比實質經濟由計畫轉移市場，要複雜得多了。

儘管如此，中國若要調整經濟失衡，就非得排除存在於銀行及金融業的這種重大扭曲，並遏止由授信推動、獲利欠佳的投資和賠錢的投資。就影響來說，這也是發展人民幣走向完全成熟的國際貨幣重大的一步。我待會在本章會進一步探討，目前改革利率並改進金融資源分配的措施，是最有希望的作法，既可達到中國的目標，又可重新平衡經濟以符合習近平的目標。儘管在作法上小心翼翼，但這正是官方著重的改革。

¥ 改革利率

我在第三章提過，中國式的金融壓制既是利率的因也是果，利率由貨幣當局規定，只為達成政策目標，而不在於反映有效益的授信供需。這扭曲了資本分配給國有企業和其他有政商關係的事業，卻在商業上無利可圖，也讓私營企業很難取得金融資源。

另外，扭曲的資本分配多年來**重投資而輕消費**，結果產生一個失衡的成長模式。最後，存戶（特別是個人和家庭）因手中資金的回報欠佳，於是紛紛投入承諾高報酬的影子金融工具，這些都是不受規範且冒險的投資。

若中國希望改善國內市場的資本分配，支持私營事業的發展，並給存戶該有的報酬，利率改革就相當重要。換句話說，這攸關中國經濟的重新平衡，也是人民幣轉型為國際貨幣的關鍵元素。值得重申的是，有競爭力、流動而有效分散的國內銀行及金融業，是資本帳完全自由化的必要條件。

政策方向很明確：體制要由數量為基礎轉為由價格為基礎（目前是兩者兼有）。價格為基礎的工具利用價格，尤其是利率，來調整金融體系中可用的金額。另一面，數量為基礎的工具著重於改變金融體系中可用的金額。這些以數量為基礎的措施中的一個典型例子就是存款準備金，即銀行必須留作準備的現金。靠增減準備金規定，貨幣當局就可以對國內經濟製造擴張或緊縮效果來控制流動性。譬如，人行在2015年4月調降存款準備金率100個基點，以製造更多流動性，並抵銷匯率對出口乃至於經濟成長的影響。

像這樣以數量為基礎的工具模糊了貨幣的傳導。在市場經濟體，貨幣政策透過銀行及金融體系來運作：利率的變動，反映的是商業銀行融通成本的變動,相對地,也傳輸這些變動至個人和企業。貨幣決策也因此藉由批發銀行間市場到零售存款整個資金鏈來產生影響。

但在中國數量和價格兩基礎為措施的混雜體系下(以低於存款利率的利率讓商業銀行取得資金,確保他們能夠獲利),貨幣政策的傳導一直無法流暢,使銀行間利率(譬如隔夜或 7 天附買回利率)[21] 不能有效導引市場利率,將批發融資傳導至零售融資。

這種扭曲最終影響經濟的借貸成本。中國金融體系中銀行的優勢又加大了問題,進一步約束了利率變動傳導至廣大經濟的能力,對個人和家庭可支配收入有不良的影響。[22] 銀行存款利率自由化可改善儲蓄的回報,導致可支配收入增加,也支撐消費需求。據估計,這種自由化可提升國內生產毛額(GDP)所得比重 4% 到 5%。[22]

這個情況目前仍懸宕未決,改革正在做,但舊有以數量為基礎的體系仍然存在。譬如,人行已移除貨幣市場和債券市場所有限制,為的是要強化銀行間拆款。銀行的存放款利率的改革也在推動,2004 年開始取消所有放款利率上限限制開始(即允許銀行對高風險的借貸者訂更高利率),並取消所有存款利率下限的限制。不過,放款利率的改革優先於存款利率的改革,進展也較快。這裡的推論是,資本分配變化太快,恐怕嚴重動搖銀行體系,因此官方決定保護銀行的淨

利率,漸進而非驟然地,將銀行曝於更多競爭的環境下。在作法上,他們就會回應並解決銀行的顧慮和阻力。(瑞士投資銀行瑞士銀行【UBS】在這過程之初發布一份研究指出,存放款利差只要縮減 100 個基點,就會抹殺掉國有銀行所有獲利。[24])中國工商銀行董事長姜建清指出,「中國經濟逐步走向成熟,利率市場化和匯率市場化將繼續推進,本土盈利和發展空間勢必收窄。」[25]

銀行存款利率方面最重大的措施,是人行在 2015 年 10 月取消存款利率上限,這是延續貨幣當局 2012 年 6 月所開始的諸多措施之一,一開始允許銀行對不同到期日的定存可支付最多高於基準利率 10% 的利息。譬如,如果 1 年期定存的基準利率是 3%,銀行最高可付到 3.3%。一年後的 2013 年 5 月,官方進一步推動銀行放款利率的改革,允許銀行制訂比人行基準利率更低的放款利率。2015 年 5 月,國務院給予銀行更大彈性,可提供更佳的利率,並將存款利率上限拉高到基準的 1.5 倍。另外,新的存保機制也建立了,擔保每家銀行企業和個人最高人民幣 50 萬元的存款。央行管理的一個基金負責支持這個機制,好讓銀行間競相提供較高利息時,就算有「道德風險」的問題,也不致讓存戶的資金置於險境。存保又一步使銀行存款利率邁進最終自由化。

這些都是重要的步驟,中國利率改革是提升金融業的核心,也是對外開放的關鍵。更重要的是,這改革也是利率轉化為貨幣政策有效工具極重要的條件。舉例來說,利率全面自由化之後,央行就能藉導引上海銀行間拆放利率

（SHIBOR）來影響存放款利率。人行為了要像美國和歐元區央行一樣充分掌握貨幣政策，就必須釋出對匯率或資本流動（見第四章）兩者之一的控制。不過，我在下一章會討論，釋出兩者之一（理想是匯率）的控制，對中國貨幣當局來說是極其困難的事。

¥ 匯改和浮動之憂

　　匯率改革是中國擴大金融改革進度的另一個支柱。這是一個已進行多年的工作，藉著「主動、漸進、可控的過程」審慎推進。在第四章，我討論了 1980 年代開始的改革，最早溯自 1950 年代經濟計畫體系遺傳下來嚴重高估的匯率和嚴密的匯率管制，終於開放逐步廢除。藉著 1980 年至 1995 年間一系列的漸進步驟，[27] 匯率已大幅下調，最初釘住美元，後來釘住一籃貨幣（以美元為主）。儘管這個設限而管理的匯率體系在中國發展上運作無礙，卻也加強人民幣自我矮化的地位。

　　人民幣若要成為完全成熟的國際貨幣，匯率體系勢必要改變，確實也開始改變，交易區間逐漸放大，讓人民幣匯率能在一定的比率高於或低於人行所預設的匯率。這個區間由 2010 年的 0.5%，擴大到 2012 年的 1%，再擴大到 2014 年的 2%。這個構想是要克服市場一味認定人民幣會持續升值、或近來一味認定會持續貶值的看法，形成匯率雙向波動的預期心理。人行藉由擴大交易區間並干預匯市，就可達到擺脫壓力的目的，也讓經濟成長、通膨、外部平衡等經濟基本面來左右匯率。[28]2015 年 8 月又實施進一步的改革，人行允許 35 家大型銀行在離岸外匯市場自訂人民幣每日開盤時的定盤價。這麼一來，人行等於放棄對匯率的部分掌握，給市場多一點主導，但仍保有視必要干預的能力。

中國貨幣當局藉由讓匯率更有彈性，並允許人民幣升貶，也擴大他們可以用來管理匯率的一系列措施，以管制流動性和波動，也能更佳回應經濟的景氣循環的狀況。理論上，交易區間擴大的意思就是，央行不再需要費心來大幅干預市場來管理預期心理，市場人士明白人民幣不再是單向的押注。然而在實踐上，中國現處於匯率管理的途中，所以為什麼這體系仍有問題？

問題一部分出在資本帳自由化和離岸市場的成立這兩者政策的目標有衝突。**資本可以輕易進出時，央行很難管理匯率並讓匯率保持在預設的區間之內**。尤其市場壓力升高時，更多資金流進或流出，甚至市場若有意考驗貨幣當局穩定匯率決時，管理匯率就成了一件吃力不討好的事。 中國在 2015 年 8 月和 2016 年 1 月兩度面臨這種壓力，人行被迫干預，買進人民幣並賣出美元，好讓匯率配合每日中間價。而兩種匯率並存，一個是在岸市場人民幣（CNY），一個是離岸市場人民幣（CNH），形成匯率套利和利差交易的機會。若與期望不符，其中一個匯率高於另一個匯率，投機交易就會對金融穩定形成龐大風險。2016 年 1 月，由於在岸市場干預，CNY 和 CNH 之間的利差呈現 2011 年 9 月以來最大，

CNY 於在岸市場因為人行干預報 6.52 兌 1 美元，CNH 於離岸市場報 6.65 兌 1 美元。[29]

不先改革匯率就開放資本帳，還產生其他問題。其中一個問題是不論國內經濟狀況如何，國內利率與國際水準配合的壓力增加，才能避免資金過度進出。由於中國國內資本市場的貨幣吸納能力不如資本市場多樣化的國家，所以通膨加速上揚的壓力和資產泡沫化的風險極大（譬如房地產市場）。

最後，管理匯率政策的代價高昂。我在第五章討論過，政策往往導致外匯存底大量累積，付出相關極顯著的成本和風險，或遇有必要干預以推升匯率時會消耗美元。若改採完全浮動匯率，可排除或降低干預匯市以配合政府政策的目標匯率。

綜合以上種種理由，可見管理匯率不是最合適的選擇，那為什麼棄用管理浮動並改用完全浮動匯率，會有這麼大的阻力？首先，官方關心匯率穩定的問題。一個正如人民幣渴望達到的關鍵國際貨幣，最好要能穩定，外國人才會認為可以保值且持有。其次，他們也擔心，自由浮動匯率也可能讓人民幣太強，於是衰減中國出口的競爭力。因此，人民幣特別在經濟成長放慢和中國出口需求回軟時，有抑制升值的壓力。

這些辯護並未能解釋人民幣匯率接近均衡水準的事實。國際貨幣基金正好在 2015 年下半年市場震盪之前發布，就中國的第四條款磋商（Article IV Consultation）指出，人民幣僅僅「**適度低估**」（moderately undervalued），[30] 意思就是，如果人民幣成為自由浮動的貨幣，會很快達到均衡水準，在這個中間價上下達到雙向波動的彈性，不必進一步干預還累積外匯存底。這是減輕金融穩定風險的一個必要且充份的條件。

人行一直竭力管制市場帶給人民幣的壓力，同樣的力量也深深打擊新興市場貨幣。同時，升值的走向也已逆轉，資金如今流往相反方向。2014 年，中國對外直接投資首度超越對內投資。同年 12 月，國內銀行買進的外匯（約略反映資本流入）減少人民幣 1,180 億元，是有紀錄以來單月最大減額。2015 年初以來，資本流出大幅增加，2015 年全年，大約 6,760 億美元流出中國。[31]

另外，正如其他新興市場經濟體，中國大陸也感受到美國貨幣政策 2014 年底漸漸明顯轉向以來（2015 年 12 月升息 0.25 個百分點）美元走強的威力。全球金融危機把國際資金推往新興市場經濟體，尤其是巴西、土耳其、印度，也拉升他們的幣值。但市場預期美國貨幣政策轉向，然後美國真正升息，加上歐、日央行繼續量化寬鬆，導致資金轉向。

中國因為實施資本管制，所以只受資金轉移的部分影響。人民幣 2015 年這一年來大幅貶值，貨幣當局維持匯率穩定有困難，顯見完全解除資本管制可能引發的問題。資金流出規模可能更加龐大，對匯率影響也更加劇烈。我已討論的沖銷式干預，不僅是管理匯率的一個辦法，也能管制過度

波動，調節無法被市場所吸收的資本流入。吸收或釋放流動性，以保持匯率穩定在波動區間內，也是用來補強漸進開放資本帳的一個政策工具。

當人民幣變為一個「正常」貨幣，也擁有更大彈性，人行必須在外匯市場干預的壓力應該也會越來越小。理想情況下，中國應投向一個自由浮動匯率，或採用一個目標區，就像是印度和南非已有擴大浮動區間的作法（譬如在中間價上下 10%）。

因此，人行不應該既要管匯率又要管資本帳開放，而應該只管資本帳。隨中國企業和個人藉著這種管理開放在全球金融市場分量加重，資金出入的壓力應可穩定，減少人民幣結構性的升貶值。為此，儘管自由浮動匯率有明顯的好處，管理匯率的政策與管理資本流向的政策兩者息息相關，勢必得一併考慮。所以討論中國官方是否或如何推動資本帳自由化，才是瞭解並預測處置外匯管理的最佳辦法。

¥ 有管理的可自由兌換

我們探討過銀行業改革、利率、匯率的管理，這些都是人民幣最終國際化的重點，也是資本管制相關政策的關鍵。但這三者都很複雜，也需要時間，中國也還沒有接納的準備。中國領導層也間接承認這點。2005 年 4 月在 IMF 一次演講中，周小川陳明政策方同，證實領導高層約在 2012 年交棒時所浮現的看法：中國銀行及金融業開放必須要漸進、可控、環環相扣、調整合宜，好管控甚至避免風險。因此，中國將繼續推動金融自由化，尤其是資本流出的自由化，但不會操之過急，配合中國發展、經濟政策目標，以及金融穩定的步調來走。換句話說，官方設法確保企業和個人因列入非國內資產得以分散投資，但不會抵觸政策目標或破壞實質經濟的需要。管理可兌換性的缺點是，既然貨幣當局能保有對匯率一定的管制，國內金融改革就不會有迫切感（但並非不緊要）。

周小川 2015 年在 IMF 的演講中，重申中長期解除資本流動的管制以維持實質經濟的重要性。據 IMF 表示，40 個項目僅有四項仍未完全流通。[32] 周小川也針對這評估指明中國貨幣當局會繼續對四種情況保留管制：

第一種情況是牽涉洗錢和恐怖活動的跨境金融交易，這也符合國際規範。第二種是牽涉到管理外債規模的管制，這是像中國在內不易靠自己貨幣舉債的新興市場經濟體一直較有爭議的政策。第三種情況是官方會適時管理短期投機資本流動。而第四種情況是監控國際收支餘額，以便在國際市場異常波動時採取暫時的管本管制措施，這符合 IMF 最近政策朝向「全面、彈性、均衡的資本流動管理途徑」（換句話說，當資本流動對金融穩定構成具體風險而有的管理）。[33]

這些措施加上一起，形同有管理的可自由兌換政策。這是很明智的政策，反映全球金融危機過後因應資本流動方式的調整。就連多年來支持金融自由化且抹黑資本管制的 IMF，也認清不受約束的資本流動，才是不穩定的源頭和金融危機的導火線。[34] 對中國決策者來說，這種從不再一味全面自由化所轉變的思維，也符合中國漸進決策的精神，也給改革更多時間和空間。**有管理的可自由兌換反映對金融改革可行性更精確的評估**，因為中國銀行及金融業還沒有讓資金無拘無束進出的充分準備。中國貨幣當局也理解到資本流動劇烈帶給金融穩定的風險，尤其和中國一樣管理匯率的國家更能感同身受。從國際間多數事例均可印證，實施管理匯率機制而資本帳自由化的國家在危機來臨時最為脆弱，所以維持資本流動的管制（或管制自由兌換）似為明智的選擇。[35] 同樣地，改革利率，並破除國有銀行和國有企業之間的連結，必須與整個政策目標多管齊下，而非個別處理。

這種政策轉移對人民幣來說，有什麼意義？這代表官方將持續依賴目前為止強化人民幣策略的措施和規畫（見第六章），以擴大人民幣在國際間使用於貿易和金融，他們也會擴大規畫的範圍，作為測試新走向的辦法。回到中共上海市委書記韓正，他接受金融時報訪問，解釋最近成立的上海自貿區：「我們下一步的工作目標之一，就是在風險可控的條件下，以漸進、有序的方式，允許自貿區內合格的個人開設資本帳戶。」[36] 譬如，在上海自貿區，不分中國和海外的投資人都有更大自由移轉資金進出國內外，並投資股債等金融資產，以及房地產等實體資產。

在中國貨幣當局看來，資本帳自由化不再是人民幣達到完全的國際貨幣的必要條件。中國將配合自身政策目標和目前策略，繼續推動人民幣國際化。這個策略原本只是一時的，如今看來更為長遠。事實上，近幾年來在這策略下的一系列措施在規模和範圍上都更為深廣。

2010 年至 2015 年間，中國人民幣策略重點擺在香港離岸市場。有香港供作測試人民幣相關政策和放寬投資進出大陸的實驗場，大大排解北京當局的壓力，並提供資本流動尤其是流出的安全閥。不過，2014 年起，又有上海自貿區在內的新措施納入政策架構。如今看來，人民幣策略乃至於中國的金融開放，正朝離岸市場以外繼續擴展。

THE PEOPLE'S MONE¥

中國貨幣的紀元

人民幣會替代美元成為主導的國際貨幣
嗎？如果會，又會是什麼時候？而國際貨
幣體系，或更廣泛的說全球經濟治理，又
會是什麼景況？

　　四十年前，中國在大部分外國人眼中是一個謎。[1] 早年美國代表團結束在大陸深入巡訪向國會提出的報告說，人民幣「在大多數重大方面是沒有交易、不能兌換的貨幣」，[2]「外匯管制嚴密，任何實質的人民幣交易就算可能，也極為困難」。[3] 即使到了今天，很多西方決策者和經濟學家仍認為人民幣兌換受限，不是完全的國際貨幣。

　　美國財政部長路傑克（Jack Lew）曾明白表示：「若中國希望人民幣漸漸成為國際貨幣，很自然會走自由化和中國經濟改革的下一步，就需要能成功完成艱難的基本面改革，像是資本帳自由化，更由市場決定的匯率、利率自由化，並加強金融監管和監督。」[4]

　　中國的金融及銀行體系的改革，正如我在本書所討論，乃是中國經濟下一步轉型國際金融主導者的重大關鍵。而人民幣發展為國際貨幣，在這個藍圖中扮演關鍵的角色。

　　中國領導層體認到改革的重要。普遍的認知是改革必須逐序漸進，才能形成資本流動全面自由化的背景，這也是人民幣發展的要素。就全球其他國家來說，流動性高而以開放市場為本的金融業是強化貨幣的國際角色的先決條件。[5] 若中國選擇走這條路，人民幣就得花上好多年才能成為完全的國際貨幣。然而，中國領導層對這樣的走法表示異議，未言明地質疑人民幣非得走英鎊和美元在內其他主要國際貨幣所走的路。

　　中國貨幣當局或許有理。無庸置疑地，人民幣已有良好進展，2010 年開展人民幣策略以來，國際間的使用也顯著擴展。國際貨幣基金（IMF）2015 年 12 月將人民幣納為特別提款權（SDR）一籃子貨幣，則是人民幣的一大轉折點。但是，儘管 IMF 決定強化人民幣的地位，並承認未來的潛力，卻也凸顯人民幣與同一籃子的其他貨幣極為不同，在發展上主要仍是區域性的。

那人民幣是什麼？是區域性的，還是國際化的？是可兌換的，還是非自由兌換的？是不是完全可以使用的？納入 SDR 一籃子貨幣意思就是有「好戲上場」了嗎？人民幣會替代美元成為主導的國際貨幣嗎？如果會，又會是什麼時候？而國際貨幣體系，或更廣泛的說全球經濟治理，又會是什麼景況？

¥ 人民幣是什麼？

很多人感覺到，人民幣會繼續發展下去，最終將成為世界經濟和國際金融的主角。IMF 總裁拉加德便說：「不是會不會來，而是何時來。」[6] 正如我前面說的，人民幣實實在在就是一個進展中的國際貨幣。但有多接近完全的國際貨幣呢？要回答這個問題，不妨考慮兩個面向：**適用範圍**（scope；人民幣是否履行國際貨幣三大功能—交易媒介、記帳單位、價值儲存）；以及**幅員**（domain；貨幣地理延伸如何）。[7]

就適用範圍來說，人民幣擴大使用於結算跨境交易，遠比人民幣計價資產需求增加多少來得重要。我曾說過，人民幣目前用於中國 20% 的貿易，在全世界支付貨幣排名第四，占全球支付 2%[8]（美元和歐元各占 45% 和 27%）。所以人民幣就國際貨幣第一個功能——交易媒介來說成績不錯。

至於有多少人民幣結算的貿易也以人民幣訂價，就不清楚了。通常，按某種貨幣結算，也會同樣的貨幣來訂價／報帳，但在中國的情況不同。相關統計數據不容易取得，因為平常不會蒐集貿易報帳的數據，況且平常也不公開。據說在中國做貿易主要以美元報帳，而在 2014 年一場研討會上，一位人行官員表示，同樣以人民幣報帳並結算的貿易只有半數。[9]假設情形確實如此，人民幣作為第二個功能——記帳單位的成績不佳。

至於價值儲存的功能，因人民幣策略在擴大幅員這第二個面向耕耘的關係，中國以外對人民幣資產的需求大有長進，譬如，在 2014 年，外國投資人持有中國本地債券較上年成長 68%[10]，儘管如此，人民幣計價資產仍相當有限。資本帳有管理的可自由兌換，為拒退投機客對資本進出縝密的管制，讓外國投資人很難取得相對安全而流動強的人民幣資產，想開設銀行存款帳戶也有困難。在離岸中心（主要是香港）由非居民持有的銀行存款總計人民幣 1.8 兆元，相當於在岸人民幣存款大約 1.5%。離岸人民幣放款也很小（約人民幣 1,880 億元），遠不及美元、歐元、英鎊、日圓計價的國際金融負債。[11]而儘管人民幣離岸債券市場大幅擴增（尤其在 2012 年至 2014 年間平均成長 30%），在全世界規模仍只占 0.5%，遠遠落後美元計價市場（40%）和歐元計價市場

（41%），甚至還比不上英鎊計價市場（近 10%）和日圓計價市場（2%）。

最後，超過 60 個央行——包括智利、奈及利亞、馬來西亞、泰國、印尼、日本、南韓，如今也在自己的外匯存底中持有人民幣。由全球各國央行持有的外匯存底中，人民幣約占 0.6% 至 1%。[12] 這是非常正面的成就。但這方面與美元和歐元各占官方儲備 62% 和 23% 相比，更顯渺小。

再看幅員這第二個面向，我在本書一再提到，人**民幣在亞太地區比全世界其他地區使用更重。將近 90% 的人民幣支付（就金額而言）是在亞太區**（藉由離岸中心），香港約占 72%，比率最高。[13] 亞太區人民幣的使用三年來增加超過兩倍，超過日圓、美元、港幣。2015 年 7 月，中國（含香港）和世界各地之間支付 33% 採用人民幣，高於 2014 年 7 月的24%。[14] 人民幣和美元呈現彼消此長，2015 年 4 月採用美元的只有 12%，不如 2012 年 4 月的 22% 左右。（日圓和港幣也有替代之勢，只是程度較輕。）新加坡、台灣、南韓與中國支付往來使用人民幣最多。2012 年，亞太地區 26 國中有19 國仍是「低度使用者」，意指與中國交易使用人民幣不及10%。如今，只剩下九國還是低度使用者。

亞太區之外，人民幣使用最多的是英國，占支付近 5%，而美國接近 3%。不令人意外，因為兩國正是全球兩大主要金融中心倫敦和紐約的所在地。差別在於倫敦是人民幣的離岸市場（見第八章），但紐約不是。在其他歐洲國家尤其在德國（與中國有顯著貿易量）和法國使用人民幣也正增加，但在這兩個國家以人民幣支付的比率仍非常小，法國只有 1% 多，德國 0.5%。歐洲聯盟和中國之間的雙邊貿易十年內可望成長接近五成達到 6,600 億歐元，貿易結算採人民幣應會增加（歐盟─中國雙邊商品貿易到 2024 年最多可占 40%）。[15]

這些成就表明人民幣策略奏效，但策略的第一條路線（使用人民幣貿易結算）的效果優於第二條路線（發展人民幣為讓非居民很想持有的投資資產）。這反映的是人民幣的範圍有限，至於延伸的幅員也很有限。人民幣策略啟動五年多後，人民幣基本上算是區域性貨幣但而非國際性貨幣。

¥ 中國的雄心

我在本書已提出，**貨幣等同於一國的地緣政治實力**，「泱泱大國自有泱泱貨幣。」因此，人民幣國際化有超出這個貨幣在國際貿易和金融「自由使用度」的意涵。[16] 人民幣的崛起，成為中國公眾討論的一個話題，倒是官方對人民幣策略刻意保持低調。圍繞人民幣成長的驕傲不僅攸關經濟狀況和金融，也攸關國家主義。

在主流大眾媒體的論述中，總有點大衛對抗歌利亞的味道：人民幣是個年輕小伙子，迎戰美元這個巨人。跨境貿易結算規畫開啟以來，中國媒體便大肆宣傳這個論調，官方卻從始至終扮演淡化預期心理的相反角色。譬如，中共官方人民日報 2010 年 8 月預料「未來前景光明」。幾周後，《金融時報》刊載一篇更有信心的文章，滙豐首席首席經濟學家屈宏斌推斷，人民幣策略或許即將迎來「規模真正空前的金融革命」。他認為，「21 世紀的準備貨幣若有可以與美元分庭抗禮的貨幣，非人民幣莫屬。」[17] 大約同時，中國主要報紙《中國日報》在社論中以較慎重的口吻重申同樣的觀點：「人民幣國際化是中國這十年來非凡強勁經濟成長所產生自然演進的結果。」國家外匯管理局金融科技司長劉光溪也呼應這個看法，他認為就算沒有時間表，人民幣不會太久即可實現國際化。[19]

因為人民幣升值的關係，對人民幣的期望在 2010 年至 2014 年間更強。因此不令人意外，IMF 那時將人民幣列為菁英儲備貨幣的時候，中國媒體洋溢一片歡欣鼓舞之情（其實當時人民幣正開始走貶）。中國日報寫道：「此決定的意義之重大難以估量，乃是對中國在全球經濟地位日增與在國際金融體系演化中大有長進的標誌性認可。」[20]

官方媒體和一般大眾認為，人民幣獲納為菁英貨幣，等於提升到與美元相同的地位，中國也因此提升到與美國同等地位，在經濟和金融事務上傳達同樣的影響力。中國日報重申：「若未納入人民幣，SDR 的代表性和 IMF 的合法性將受質疑。」[21] 很多中國人認為，讓人民幣成為和美元平起平坐的貨幣，是攸關國家榮譽的事。當社科院經濟學家吳敬璉主張中國「應設法增強人民幣的影響力」時，也表達同樣的心情。

中國領導人雖然比較緘口不談，但也歡迎 IMF 的決定，只是態度十分慎重。人行形容這是「對中國經濟發展和改革開放成果的肯定」，又說要「進一步深化金融改革、擴大金融開放，為促進全球經濟增長、維護全球金融穩定和完善全球經濟治理作出積極貢獻」。[22]

對官方來說，人民幣納入 SDR 一籃子驗證中國多年來的成就，正式肯定人民幣日增的國際需求。不過他們也明白表示，未來五年將是關鍵，一面要強化並增進人民幣的地位，一面要縮減與其他「大國」貨幣之間的差距。人行副行長易綱 2015 年指出，「人民幣的重要性已經確立，尤其在鄰國和一帶一路經過的國家中，將扮演更吃重角色」。[23]

IMF 的決定象徵人民幣頭一個五年的策略畫下句點，但不禁要問，中國是否將繼續採用貿易結算和離岸市場雙管齊下來推動國際使用人民幣。換句話說，中國領導層期望 2020 年的人民幣是什麼樣子？人民幣是否會達到他們的期望？

隨國家主席習近平上台，對人民幣的雄心也大幅推進，人民幣不再以關鍵的區域性貨幣穩定成長自居的目標為滿足。中國越來越有自信，在地緣政治上也越來越強勢，人民幣如今的目標是在國際貨幣體系中爭取一席之地。

中國官方希望破除美元優勢，給予進出口商、投資人、存戶更多選擇，進一步達到一個均衡而平穩的國際貨幣體系。[24] 人民幣策略至少就中期而言，是基於經濟務實的考量，即建立更多樣化而流動大的國際貨幣體系，以避免美元短缺。同時，也是基於中國經濟進行中的改革過程，這也是為全球市場使用人民幣立定根基的一個手段。

由此可見，在貨幣金字塔頂端以人民幣取代美元，[25] 顯然不是中國的優先議程，從美元本位的優勢來看，也有自知之明。官方也不願意釋出對匯率的控制；在政策議程中，保持出口競爭力仍優先於促進匯率靈活性，考量的仍是人民幣過強的相關風險。但是一個貨幣若要追求占有國際間的關鍵地位，必須要強，也要穩定，才能履行價值儲存的功能，不應在乎匯率對出口競爭力的衝擊。

不少國內外在內的評論家推斷，人民幣政策正展開一個漫長的過程，人民幣最終將成為與美元旗鼓相當的貨幣，甚至超越美元。美國學者蘇布拉瑪寧（Arvind Subramanian）甚至認為，「人民幣有實力在不到十年內超越美元」，[26] 中國經濟實力形成「本幣蓄勢待發」的條件。但這都過度解讀了中國官方的計畫。

¥ 人民幣和美元

2009 年 3 月，全球金融危機的頭幾個月，人行行長周小川提出一個問題，引發中國和國際熱烈討論：「什麼樣的國際儲備貨幣才能保持全球金融穩定、促進世界經濟發展？」[27] 他並非公開呼籲結束美元在國際貨幣體系的支配地位，而是建議朝向發展一個「超主權準備貨幣」，克服「主權信用貨幣的內在風險」，也有可能「調節全球流動性」。[28] 他解釋說，流動性在雷曼兄弟倒閉之後隨即告罄，國際貿易也幾乎停擺，可見國際貨幣體系內在脆弱性和隱含的系統性風險。發行準備貨幣的國家，周小川在講話中很小心不題名美國，有時陷於一種保全貨幣價值和維持國內經濟成長這兩個目的彼此衝突的形勢。一旦面臨這種進退兩難的局面，國內考量往往優先於其他國際間的考量，如此一來，使用並持有此貨幣於國際交易和投資時，就可能增加成本和風險。[29]

周小川是根據經驗來說的。中國這樣的貿易國家，若**美元（用於大部分國際貿易訂價和結算）短缺**，接單就會停頓，大幅拖延整個供應鏈。另外，中國滿手美元和美元資產，就很難應付美元價值的變化。尤其，周小川在講話中暗示，由於曝險於美元，中國便受制於美國的國內政策。

周小川在這個講話中警示要小心持有像美元這樣優勢的國家貨幣，提議創造一個「超脫於任何一國的經濟狀況和利益」的國際貨幣。這個構想引起學界不少興趣，但後來因幾乎不可能實踐而放棄。[30] 反而，國際貨幣體系由美元支配轉向為多貨幣支配的構想，卻得以施展。很多中國學者[31] 私下推測，這個轉變會在人民幣成為完全國際貨幣之際得以實現。

國際貨幣體系真的在改變，儘管步伐緩慢，因全世界經濟秩序、國家治理、地緣政治也在改變。像 20 世紀後半有這麼一個經濟和軍事強權發行的單一支配貨幣，是政經史上少有的特例。的確，未來 10 到 20 年內，人民幣和美元可望都成為正常的貨幣。國際間使用人民幣，無論貿易和金融，對其他重要貨幣的相對比重，都會增加。美元比重也會相對降低，尤其亞洲會如此，在中國擴大商業勢力和投資的拉丁美洲和非洲也會如此。

然而，慣性和網絡外部性（見第五章）仍會發揮很大的作用，延緩美元獨霸地位的式微。只有經濟體規模與現任強權相當，才有機會發展大到足以挑戰最主要貨幣的優勢。不錯，中國無論就經濟、出口，到如今的金融交易，乃至於為推動本身政策並帶給別國衝擊的地緣政治影響力，如今都有關鍵的分量。人民幣和一般的政策走向，也有一定的策略。然而，人民幣必須正面與優勢的美元競爭。鼓勵使用人民幣的必要市場基礎結構和政策架構，能否引發外國人足夠強大的需求？能否說服外國人，中國在領導地位和政策上是一個可靠的夥伴？

同時，美元也面臨反美情緒的諸多挑戰，對美國為推動本身對外政策目的所施加的罰款、制裁及治外法權，也有諸多顧慮。以石油（當然此例也適用其他大宗商品：金、銀、鋁，以及玉米、小麥、黃豆、棉花）為例，[32] 油價幾乎完全採美元報價，[33] 19 世紀中葉美國首先鑽探石油以來便是如此。1975 年 2 月，美國和沙烏地阿拉伯達成並簽署一份協議，確保石油輸出國組織（OPEC）出口石油以美元計價。同樣地，全世界石油進口國對從 OPEC 會員國進口的石油都必須支付美元。石油合約的行情基準——紐約商品交易所（NYMEX）的輕原油和在倫敦洲際交易所（ICE）的布蘭特原油合約，也以美元報價。

但漸漸地，產油國家尤其幾個不受美國影響的國家，都揚言要採其他貨幣計價，作為報復手段。比如在 2000 年 10

月，當時海珊領導的伊拉克政府便要求以歐元來結算聯合國所管理的石油換糧計畫的石油出口。[34] 而 2005 年以來，伊朗和委內瑞拉便一直設法改用歐元，不顧其他 OPEC 成員國仍採美元交易。2006 年 2 月，伊朗宣布成立「伊朗石油交易所」的計畫，目的是要與 NYMEX 和倫敦國際石油交易所（IPE，如今改名 ICE）競爭。接著在 2007 年 12 月，伊朗出口的石油停止接受美元，並在 2008 年 2 月正式成立石油交易所。

2008 年 3 月，委內瑞拉政府因為美元兌歐元幣值下跌，改用歐元報價來簽署若干石油合約。[35]2012 年 1 月，鑒於美國抵制伊朗石油出口，印度與伊朗開會商討其他的支付方式。不過，這些挑戰都不可靠，因為歐元或日圓都在地緣政治上沒有足夠的影響力，歐元不是一國的貨幣，而日圓雖是一國的貨幣，但這個國家沒有獨立的外交和安全政策。

當然，美國的制裁和罰款範圍遠達石油之外。比方在 2014 年，紐約法院以違反制裁令而與蘇丹、伊朗、古巴業務往來為由，重罰法國國家巴黎銀行（BNP Paribas）90 億美元。[36] 業界不免擔憂，若不配合美國指示，外國銀行可能被拒於美元支付系統之外，而受制裁國家也可能有意推動美元以外的管道。

對被美國和歐盟制裁的國家、比方因主導烏克蘭危機而被制裁的俄羅斯來說，使用人民幣和中國正發展新的支付基礎設施，令他們深感興趣。俄國企業擔心有被阻於美元市場之外的風險，甚至怕連歐元市場也遭封鎖。他們已開始採用人民幣和其他亞洲貨幣，就有一家出口收入七成是美元的俄羅斯製造商執行長便透露：「如果發生什麼狀況，我們準備好改用其他貨幣，比方說人民幣或港幣。」[37] 實際交易量的資訊極為有限，但顯然在俄羅斯市場大部分的人民幣交易是以合約結算。[38]

國營石油和礦業公司，像是俄羅斯天然氣公司（Gazprom）和諾里爾斯克鎳業公司（Norilsk），早在長期合約中納入人民幣計價的條款。[39] 2015 年，Gazprom 旗下的石油事業、俄羅斯第三大石油業者 Gazprom Neft 開始對所有對中國出口採用人民幣結算。[40] 俄羅斯外貿銀行（JSC VTB）、俄羅斯農業銀行 OAO、俄羅斯標準銀行（Russian Standard Bank ZA）在內的銀行，目前為在香港為主的離岸市場透過發行人民幣計價債券，已籌資 4.82 億美元。

這些活動雖然在地緣政治上引人注目，但在國際金融上卻起不了作用。比方說，人民幣盧布互兌交易的成交量自 2014 年初以來雖有成長，但每月平均成交值卻只有區區 3 億美元。[41] 就連在被經濟制裁所苦的俄羅斯，企業也不願改用人民幣，因為流動性有限，交易成本也高，主要是因為美國和歐盟制裁歸制裁，但油氣銷售仍允許以美元和歐元來支付。

人民幣確提供周邊若干多樣化的選擇，但對美元仍只有微乎其微且根基薄弱的威脅（儘管這種威脅論在美國政治圈始終不絕於耳，不乏流於偏執的內容：像北卡羅萊納州佛蘭

克林一家銀行的標示寫著：「停止借錢來花錢！今天是美元…明天就是人民幣」）。[42] 所以非美國人仍普遍偏好持有美元，不論他們對美元有什麼觀感或顧慮。我在幾個月前和香港一群高階公務員討論到國際貨幣體系，其中一位官員滔滔不絕地抨擊美元，也暗批美國在亞洲的霸權。她說：「我們討厭美元。」她的同事也點名附和。當我指出她的看法所面臨的根本問題是，中國大量持有美元可見對美元的偏好，她同意這是一個既愛又恨的情結，並作以下結論：「我們愛美元，但我們討厭美國。」

最後，人民幣國際化將會擴大國際間使用人民幣，美元相對的分量也會降低。但人民幣在國際貨幣體系最終的作用，仍完全取決於北京推動金融和貨幣改革並重新平衡本身經濟的成效。

2015 年春在華盛頓舉行的 IMF —世界銀行會議上，人行行長周小川承諾要改進國際使用人民幣，並醞「進一步推進資本帳戶兌換」[43]，會開放更多管道允許資金進出中國國內市場，資本流動也會更加便捷。不過，如第九章所討論，這些資金流動仍會有管理，這裡的「管理」不單是指不時採取的管制和審慎措施。中國受限於現行銀行及金融體系的不足，還沒準備好要完全開放資本帳。中國式的資本帳可兌換的意思就是，支持人民幣的流動性將持續受到人行的管制。另外，中國貨幣當局也會繼續管制匯率。因此，資本帳雖未全面自由化，他們仍藉許多辦法允許資金進出，繼續推動國際使用人民幣，這也是英美所預見的模式。

只要中國國內政策考量以及銀行、省級政府、國有企業、出口商等既得利益者繼續當改革的煞車,而有管理的可自由兌換仍然延續下去,人民幣成為完全國際貨幣和在國際貨幣體系扮演顯著角色的發展就會受約束。人民幣多快蛻變成完全的國際貨幣,會有什麼影響力,完全取決於國內金融改革的步調和深度。

¥ 人民幣和國際貨幣體系

人民幣在其他方面也和同等地位的貨幣不同,比方說,人民幣是唯一納入 SDR 一籃子貨幣的開發中國家貨幣。這不僅挑戰了市場經濟體和民主政體的已開發國家發行的貨幣才是主要貨幣的觀念,也挑戰了中國終得接納國際治理的標準。透明、問責、立法司法行政三權分立,既是良好治理的元素,也是強化貨幣並進而國際化的後盾。否則,若價值和流動性始終由威權國家的政府所控制,他們會質疑持有這個貨幣的合理性。

由此可見,**限制國際使用人民幣的,是中國制度上的不足,而非人民幣的可兌換**,因為可兌換是可以不斷改善的,甚至可以在可控的條件下達到目的。舉例來說,人行並非決策獨立的央行,凡制定最終的目標或工具,都得國務院批准,由共識來決定辦法,因此,得考量不同利益關係者、比方說出口業者的看法。結果導致過度漸進,有時自相矛盾的措施。譬如 2015 年和後來為維持匯率穩定的實施外匯干預。我在本書已經討論，匯率改革仍是斷斷續續，傳達出混淆的訊息，迫使中國貨幣當局訴諸市場干預，而不是依循主要國際貨幣完全靈活、浮動匯率的途徑。市場干預破壞對人民幣的信心，而與商品貿易不同的是，國際金融需要很大的信心和公信力，才能說服存戶和投資人捨棄原來的貨幣。

綜上所述，在人民幣施展力道強的亞洲，人民幣才有打破美元優勢的機會。單憑中國貿易的規模，再加上人行與主要貿易夥伴簽署雙邊換匯協定的策略，能擴大人民幣作為結算貨幣。在亞洲，人民幣可扮演類似歐元在歐洲和美元在美洲的角色。就這方面來說，周小川呼籲建立新的多貨幣體系就很恰當，讓主要國際貨幣在若干地區有優勢，但沒有一個貨幣能獨霸。

人民幣尚需時日，才能在貿易和金融都成為主要的國際貨幣，且成為準備貨幣，在市場上與美元互為消長，但這種增長是相對的而非絕對的。IMF 在 2011 年發布一份研究，將人民幣列為可能挑戰美元地位的三個貨幣之一，另兩個是歐元和日圓。[44] 看來人民幣會成為多貨幣國際貨幣體系的主要貨幣之一，但不會是最優勢的貨幣。[45] 換句話說，美元支配的地位告終，不代表人民幣霸業的開始。[46]

我在第六章開始陸續討論到，人民幣在人行透過離岸中心和自貿區等指定管道提供必要流動性的前提下，算是可兌換的國際貨幣。中國央行會繼續便捷這種資本流動，流動量也會增加。然而，如第九章所討論，流動的管理仍在，且這裡的「管理」不單是指偶而實施的總體審慎措施。中國尚未準備好完全開放資本帳，銀行及金融體系缺陷仍然存在，因此仍須保有管制資本進出的機制和限額。中國式的資本帳可兌換的意思就是，支持人民幣的流動性仍由人行掌握，中國貨幣當局也會繼續管理匯率。

人民幣迎向主要國際貨幣的趨勢很明顯，IMF 的決定也強化這個趨勢。至於發展的步調和範圍，最終取決於中國領導層推動改革的意願有多深多快。

如我在本書所述，其中有很多（經常是對立的）看法和利益，從大體局面來看，漸進管制的主張凌駕於加速改革和開放。因此，如此局面可能還會維持幾年，直到耗盡容易落實的改革、也就是我在第九章所說唾手可得的改革。因此，往後幾年人民幣的進展可能減慢。

¥ 故事的終結

人民幣成為國際貨幣，是一個運作中的過程，這過程貢獻了國際貨幣體系的轉化，反映了近 30 年來全世界經濟互動的變化，人民幣在其中既是一個重要的元素也是一個催化劑。為營造人民幣策略，中國不時審視歷史，也不斷在改寫歷史，並沒有一個路線圖可供參照，因為經過的過程與其他走過同樣歷程的國家根本不同。

中國是一個開發中國家，也是一個世界強權，但不像英國和美國的貨幣輝煌時期，中國並非超級強權，就平均每人所得而言仍只算是中等強權，就金融業而言還是一個不成熟的強權。由中央威權所治理，經濟是計畫和市場混合體。另外與英國和美國在英鎊和美元崛起之時不同的是，中國無法依靠錨定人民幣於黃金之類的商品。往前的道路上，就像是摸石過河。

全世界經濟（地緣政治）秩序正在變化，中國是這一發展的關鍵力量。同時，中國繼續駕馭全世界經濟較 30 年前日圓推動國際化時更加一體化的契機。但時機可能不太湊巧，國際經濟可能並未提供人民幣策略最適時的脈絡。當美國和其他已開發經濟體利率接近於零時，中國深受熱錢湧入的阻力，破壞人行貨幣管制，也促使中國國內利率降得太低。當美國貨幣政策開始轉向時，中國又面臨相反的麻煩。

即使形勢極不理想，中國不能等上十年二十年任貨幣自然發展，也就是說，無法等到金融市場流動多樣化後、資本全面自由化、人民幣完全可兌換再說。至終，中國勢必經過轉型的歷程。因此，有管理的可自由兌換和離岸市場之外的人民幣策略，將在可見的未來成為常態。

在本書中，我探討中國如何管理從一個貧窮封閉的國家轉型為全世界第二大經濟體的歷程。我認為，維持資本流動管制並讓人民幣釘住美元，雖符合中國的成長模型和發展模式，但也壓抑人民幣的成長，在國際市場上無力施展。中國如今正在改變這個局面。

中國領導層的雄心不在抗衡美元，最終在國際貨幣體系取而代之，而在提供一個可供選擇的替代貨幣。當前美元體系的另一選擇，乃是反映全球經濟秩序的多極性，不再只是美國單一的經濟超級強權。關鍵的問題在於，也尚無答案的是，這體系能否真正互補，或者是否有不同的標準，比方說不相容的支付系統，形成各自為政的局面。中國是在美元體系之下發展經濟並規劃轉型，但在很多狀況下，也表明有意依循現行但已改良多邊金融組織，像是 IMF 和世界銀行。

同時，中國也積極推動區域多邊組織，像是亞洲基礎設施投資銀行（亞投行）。在亞洲，人民幣也開始打破美元獨強之勢，像亞投行、新開發銀行等倡設，像是聯結歐亞的一帶一路計畫，都可確保人民幣的區域優勢。在亞洲基礎建設投資的需求足以多容納一個開發銀行，除了有經濟的理由外，還有一個重大的地緣政治的因素。這個新銀行可視為亞洲開發銀行（ADB）影響力的另一股制衡力量。亞銀主要的股東是美國和日本，中國居中的影響力有限。

現在正處於世界經濟治理的一個引人關注的關卡。2015年，中國展現樹立國際經濟治理的意願，先是成立亞投行，再來人民幣獲攬為 IMF 的 SDR 一籃子貨幣。中國領導層積極迎向新的治理模式，不再只是由華府因布列敦森林背景下產生的機構發號司令。中國是否能如習近平在 2016 年 20 國集團以主席國身份主持開幕演說中所說的，中國希望各國協力「推動世界經濟走上強勁、可持續、平衡、包容增長之路」？換句話說，美國和歐洲，尤其指英、德、法，願意改革二戰之後沿用的治理架構，開放空間給所謂的新興強權嗎？

　　中國貨幣的時代有兩條路可走，其中一條路可能走向各自為政的治理、各有互相抵觸貿易和投資標準，還有兩大陣營，一邊是美元陣營，一邊是人民幣陣營，形成彼此對峙的局面。另一條路可能走向更開放、更一體化、更多和平的世界。世界會走上哪條路，尚不明朗，但無論怎麼走，人民幣都大勢底定。

各章注釋

前言

1. 2016 年 4 月數據，路透 Datastream 取得的人行數據。

第 1 章

1. Barry Eichengreen, Globalizing Capital: A History of the International Monetary System (Princeton, N.J.: Princeton University Press, 1998), I.

2. Benn Steil and Robert E. Litan, Financial Statecraft: The Role of Financial Markets in American Foreign Policy (New Haven, Conn.: Yale University Press, 2006), 3.

3. 這項外匯數據是依據每三年一次調查，僅採用該年 4 月的成交量。參見國際清算銀行（BIS），**Triennial Central Bank Survey: Fore**ign Exchange Turnover in April 2013: Preliminary Global Results (Basel: Bank for International Settlements, September 2013)，全球外匯市場日成交量在 2013 年 4 月為 5.3 兆美元，2016 年每三年一次的調查也於 2016 年 12 月出版（編按：2016 年 4 月為 5.1 兆美元）。

4. Oxford Economics Datastream 數據。

5. 按 2015 年美元計算經調整人均國民收入淨值，Oxford Economics Datastream 數據。

6. 2012 年數據，引自 "World DataBank: World Development Indicators," 世界銀行，http://data.worldbank.org/country/ghana.

7. Thomas Piketty, Capital in the Twenty-First Century (Cambridge, Mass.: Harvard University Press, 2014), 435.（繁體中文版《二十一世紀資本論》）

8. "The World's Billionaires 2016," 富比世（Forbes），2016-3- 第一期 http://www.forbes.com /billionaires/list/#version:static.

9. 主權財富基金並沒有一個普遍接受的定義，所以經常和主權退休基金和官方外匯存底混淆。美國財政部主管國際事務的次長勞瑞（Clay Lowery）曾將主權財富基金定義為「由外匯資產所支應的政府投資機制，並與官方準備分開管理」，引自 Robert Kimmitt, "Public Footprints in Private Markets: Sovereign Wealth Funds and the World Economy," Foreign Affairs 87 (2008): 119–130.

10. Nathaniel Popper, Digital Gold (New York: HarperCollins, 2015).

11. 在經濟文獻中，信心（confidence）和信任（trust）這二詞的概念視為同義詞。但因這二詞是資金特徵的基礎，我在本書特別將兩者予以區隔：價值（信心），流動性（信任）。

12. George S. Tavlas and Yuzuru Ozeki, The Internationalization of Currencies: An Appraisal of the Japanese Yen, IMF Occasional Paper 90 (Washington, D.C.: International Monetary Fund, 1992).

13. IMF，官方外匯儲備貨幣組合（COFER），http://data.imf.org/?sk=E6A5F467-C14B-4AA8-9F6D-5A09EC4E62A4&ss=1408243036575.

14. "Swiss National Bank Acts to Weaken Strong Franc," BBC 商業新聞，2011-9-6，http://www.bbc.co.uk/news/business-14801324.

15. "Swiss Stun Markets and Scrap Franc Ceiling," 金融時報，2015-1-15，http://www.ft.com/cms/s/0/3b4f6c14-9c9a-11e4-971b-00144feabdc0.html#slide0.

16. SDR 是 IMF 於 1969 年所建立的國際準備貨幣，既不是一種貨幣，也不是向 IMF 索償的債權。SDR 是一種任意使用 IMF 會員國貨幣的權力。這些貨幣可透過 IMF 會員國之間的自願匯兌取得。另外，IMF 可指定國際支出良好的會員國向國際支出較弱的會員國購買 SDR。

17. "IMF Executive Board Completes the 2015 Review of SDR Valuation," IMF 新聞稿，2015-12-1，http://www.imf.org/external/np/sec/pr/2015/pr15543.htm.

18. IMF, COFER, http://data.imf.org/?sk=E6A5F467-C14B-4AA8-9F6D-5A09E-C4E62A4&ss=1408243036575.

19. Eichengreen, Globalizing Capital.

20. Armand van Domael, Bretton Woods: Birth of a Monetary System (London: Macmillan, 1978): 200–202, 引自 Harold James, "Cosmos, Chaos: Finance, Power and Conflict," International Affairs 90, no. 1 (2014): 47.

21. 有關布列敦森林會議和布列敦森林體系，可參考 Harold James, International Monetary Cooperation Since Bretton Woods (Oxford: Oxford University Press, 1996)，以 及 Benn Steil, The Battle of Bretton Woods: John Maynard Keynes, Harry Dexter White, and the Making of a New World Order (Princeton, N.J.: Princeton University Press, 2013).

22. 不過，這並非必要條件，並沒有理論主張非得經常帳逆差不可。主要貨幣透過資本帳中介，也可以是經常帳順差的情況，美國在二戰之後有多年即是如此。

23. Benjamin Cohen, "Bretton Woods System," in Routledge Encyclopedia of International Political Economy, ed. R. J. Barry Jones (London: Routledge, 2001), 95–102.

24. Bank for International Settlements, Locational Banking Statistics—External Position of Banks in Individual Reporting Countries (Basel: Bank for International Settlements, December 2012).

25. Bank for International Settlements, Locational Banking Statistics—External Position of Banks in Individual Reporting Countries (Basel: Bank for International Settlements, December 2015); "Table 1.1.5, Gross Domestic Product," 美國商務部經濟分析局全國數據，2015-11-24，http://www.bea.gov/itable/.

26. 2005 年底止，Fed 為替市場景氣降溫，已調高聯邦資金利率目標 175 個基點。

27. 葛林斯班，"Federal Reserve Board's Semiannual Monetary Policy Report to the Congress"（美國眾議院金融事務委員會證詞，2005 年 12 月 17 日）

28. 柏南克，"The Global Saving Glut and the U.S. Current Account Deficit" (Sandridge Lecture, Virginia Association of Economists, Richmond, March 10, 2005).

29. 葛 林 斯 班，The Age of Turbulence: Adventures in a New World (New York: Penguin, 2008).（繁體中文版《我們的新世界》）

30. 1951 年至 1970 年擔任 Fed 主席的馬丁（William McChesney Martin）首創「拿走調酒盆」這辭來形容央行的角色：「我就是那個正當舞會正在興頭時拿走調酒盆那傢伙。」引自 Lou Schneider, "Trade Winds: Credit Controls Policy Unchanged," Greensboro Record, October 25, 1955.

31. Michiyo Nakamoto and David Wighton, "Citigroup Chief Stays Bullish on Buy-Outs," 金融時報，2007 年 7 月 9 日，http://www.ft.com/cms/s/0/80e2987a -2e50-11dc-821c-0000779fd2ac.html.

32. Jonathan Wheatley and Peter Garnham, "Brazil in a 'Currency War' Alert," 金融時報 2010 年 9 月 27 日，http://www.ft.com/cms/s/0/33ff9624-ca4811df-a860-00144feab49a.html.

33. Robin Harding, John Aglionby, Delphine Strauss, Victor Mallet, and Amy Kazmin, "India's Raghuram Rajan Hits Out at Unco-ordinated Global Policy," 金融時報，2014-1-30。

34. Committee on Balance of Payments Statistics, Annual Report 2006 (Washington, D.C.: International Monetary Fund, October 3, 2006).

35. 美國 1980 年代之初開始進口大於出口，經常帳逆差便一直存在，只有 1991 年出現順差的特例。

36. IMF Committee on Balance of Payments Statistics, Annual Report 2006 (Washington, D.C.: International Monetary Fund, January 2012). 2008 年達到高峰 4,200 億美元、即 GDP 的 9.3% 後，中國的順差開始下滑：2013 年約為 1,830 億美元。儘管縮減不少，中國每月仍超過 20 億美元，逾 300% 於 1980 年代。

37. 柏南克演講，"Global Economic Integration: What's New and What's Not?" (speech, Federal Reserve Bank of Kansas City's Thirtieth Annual Economic Symposium, Jackson Hole, Wyoming, August 25, 2006).

38. Olivier Blanchard and Gian Maria Milesi-Ferretti, (Why) Should Current Account Balances Be Reduced? IMF Staff Discussion Note 11/03 (Washington, D.C.: International Monetary Fund, March 1, 2011).

39. Max Corden, "Global Imbalances and the Paradox of Thrift," Oxford Review of Economic Policy 28, no. 3 (2012): 431–444.

40. Ronald I. McKinnon, The Unloved Dollar Standard (Oxford: Oxford University Press, 2013), 17–29.

第 2 章

1. Angus Maddison, The World Economy, vol. 2, Historical Statistics (Paris: OECD Publishing, 2007).

2. 當年，中國十分依賴蘇聯進口機器和設備。Nicholas R. Lardy, China in the World Economy (Washington, D.C.: Peterson Institute for International Economics, 1994), 1.

3. Maddison, The World Economy.

4. Lardy, China in the World Economy, 1.

5. 據華北人民政府發布公告：「為適應國民經濟建設之需要，特商得山東省政府、陝甘寧晉綏兩邊區政府同意，統一華北、華東、西北三區貨幣。」Chen Yulu, Chinese Currency and the Global Economy: The Rise of the Renminbi (New York: McGraw-Hill, 2014), 21. (譯按：陳雨露為人行副行長)

6. China: A Reassessment of the Economy: A Compendium of Papers Submitted to the Joint Economic Committee, Congress of the United States (Washington, D.C.: U.S. Government Printing Office, July 10, 1975), 41.

7. "The Death of Gradualism," 經濟學人，1997-3-8

8. IMF, "World Economic Outlook April 2016," http://www.imf.org/external/pubs/ft/weo/2016/01/pdf/text.pdf. 值得重覆一提，在 1970 年代末轉型之初，中國占全世界 GDP 僅略高於 2%。

9. Selected Works of Deng Xiaoping, vol. 3, 1982–1992 (Beijing: Foreign Languages Press, 1994), 370, 引自季辛吉的《On China》(London: Allen Lane, 2011), 445.

10. World Trade Organization, China country profile, http://stat.wto.org/CountryProfile/WSDBCountryPFView.aspx?Language=E&Country=CN (accessed May, 16 2016).

11. 同上。

12. 「計畫經濟不等於社會主義，資本主義也有計畫，市場經濟不等於資本主義，社會主義也有市場。」

13. Nicholas R. Lardy, Foreign Trade and Economic Reform in China, 1978–1990 (Cambridge: Cambridge University Press, 1993), 11–12.

14. Edward S. Steinfeld, Playing Our Game: Why China's Rise Doesn't Threaten the West (Oxford, England: Oxford University Press, 2010), 29.

15. 同上

16. "Statistics Database," World Trade Organization, 上 網 日 期：2016-5-26，http:// stat.wto.org/Home/WSDBHome.aspx.

17. 同上。 1927 年至 1929 年間是共產黨統治中國之前表現巔峰，中國占世界貿易 2%。參見 Lardy 的 China in the World Economy, 1.

18. 「當今中國與全世界融為一體相較其他新興經濟體有更大影響力，也比日本在 1950 年代中期以後快速成長的影響力更大。」"From T-Shirts to T-Bonds," 經濟學人，2005-7-28，http://www.economist.com/node/4221685.

19. David D. Hale, China's New Dream: How Will Australia and the World Cope with the Re-emergence of China as a Great Power (Barton: Australian Strategic Policy Institute, February 2014), 3.

20. 同上。

21. 同上。

22. 國際汽車製造商協會（OICA）2015 年生產統計數字，http://www.oica.net/category/production -statistics/（上網日期：2016-5-16）

23. Matteo Ferrazzi and Andrea Goldstein, "The Automotive Industry," in The World's Industrial Transformation (London: Chatham House, July 2013), 15.

24. 2013 年 11 月，中國拒絕就資訊科技產品貿易並擴大 1996 年資訊科技協議（ITA）達成協議。此協議目前涵蓋每年 4 兆美元貿易，預定納入 200 種產品項目，舉凡薄型電視機和新世代半導體等產品。

25. Hale, China's New Dream, 8.

26. U.S. Energy Information Administration, Short Term Energy Outlook (Washington, D.C.: U.S. Government Printing Office, November 2015), table 3A.

27. Hale, China's New Dream, 8. 鋼鐵產量大增，使中國由煤炭出口國轉為進口國。

28. World Bank, World Development Indicators 2011 (Washington, D.C.: World Bank, 2011).

29. Selected Works of Deng Xiaoping, 3:361, 引自季辛吉的《On China》，442–443.

30. 譬如，中國 1985 年自世界銀行借款約 11 億美元並由雙邊貸款借款近 5 億美元。同年收到外國直接投資 20 億美元，外國直接投資合同金額超過 60 億美元。國家統計局 1993 年統計摘要，引自 Lardy 的《China in the

World Economy》, 63.

31. Peter Nolan, Is China Buying the World? (Cambridge, England: Polity Press, 2012), 85.

32. 2014 年統計，聯合國貿易暨發展會議（UNCTAD）, Global Investment Trends Monitor, No. 18 (Geneva: UNCTAD, January 29, 2015).

33. Nolan, Is China Buying the World?, 93. 高科技業大約占加值產業產值三分之二。

34. 2012 年 統 計。Valentina Romei and Rob Minto, "Chart of the Week: Who Makes China's Exports—Local Companies or Foreign?," Beyondbrics (blog), 金融時報，2012 年 9 月 10 日，http://blogs.ft.com/beyond-brics/2012/09/10 /chart-of-the-week-who-is-making-chinas-exports/.

35. Hale, "China's New Dream," 8. 更精確的說，與中國合資企業汽車銷售比率如下：福斯 28.8%，通用汽車 28.9%，福特 8.4%，寶馬 8.%，日產 20.9%，現代 19.5%，起亞 17.7%，本田 17.1%，標緻 14.8%，馬自達 13.8%，豐田 7.6%。

36. 參照季辛吉的《On China》，頁 358。

37. 不過這不是鄧小平第一次訪問美國，他曾在 1974 年隨中國代表團參加聯合國大會的特殊會期。參見季辛吉的《On China》，頁 322。

38. 不過，據季辛吉表示，鄧小平不曾學過法文，也不懂英文，他轉述鄧小平：「學語文很難。」參見季辛吉的《On China》，頁 324。

39. "Sino-U.S. Relations: Facts and Figures—Historic Figures in Sino-U.S. Relations: Deng Xiaoping," 上網日期：2015-11-9，http://www.china.org.cn /world/china_us_facts_2011/2011-07/11/content_22967238.htm.

40. Xi Jinping, "Study, Disseminate and Implement the Guiding Principles of the 18th CPC National Congress," in The Governance of China (Beijing: Foreign Languages Press, 2014), 6–22. 41. David Shambaugh, China Goes Global (Oxford, England: Oxford University Press, 2013), 177.

42. Jiang Zemin, "Text of Political Report by Jiang Zemin at the 15th National Congress of the Communist Party of China," September 12, 1997.（譯按：出處似有誤）

43. Shambaugh, China Goes Global, 5.

44. Alessia Amighini, Roberta Rabellotti, and Marco Sanfilippo, "Do Chinese StateOwned and Private Enterprises Differ in Their Internationalization Strategies?," China Economic Review 27 (2013): 312–335; Alessia Amighini, Roberta Rabellotti, and Marco Sanfilippo, "China's Outward FDI: An Industry-Level Analysis of Host-Country Determinants," Frontiers of Economics in China 8 (2013): 309–336.

45. Julie Jiang and Chen Ding, Update on Overseas Investments by China's National Oil Companies: Achievements and Challenges Since 2011, Partner Country Series (Paris: International Energy Agency, 2014), http://www.iea.org/publications /freepublications/publication/partner-country-series—-update-on-overseas -investments-by-chinas-national-oil-companies.html.

46. 中海油早先在 2005 年試圖以 185 億美元現金併購美國企業 Unocal 但沒成功。

47. Jiang, "Text of Political Report." http://www.bjreview.com.cn/document/txt /2011-03/25/content_363499.htm.

48. "Ford Motor Company/2008 Annual Report," 18, Ford Motor Company, http://ophelia.sdsu.edu:8080/ford/12-30-2012/doc/2008_annual_report.pdf; "Ford Motor Company/2009 Annual Report," 24, Ford Motor Company, http://ophelia.sdsu.edu:8080/ford/12-30-2012/doc/2009_annual_report.pdf.

49. 另外，實證研究顯示，當人民幣升值，國有企業較私營企業可能投資海外，因為政府提供他們資本和外匯存底。

50. Jonathan Kaiman, "China Agrees to Invest \$20bn in Venezuela to Help Offset Effects of Oil Price Slump," 衛 報，2015-1-8，http://www.theguardian .com/world/2015/jan/08/china-venezuela-20bn-loans-financing-nicolas -maduro-beijing.

51. 按目前的物價和目前的匯率，"Foreign Direct Investment: Inward and Outward Flows and Stock, Annual, 1980–2014," United Nations Conference on Trade and Development Statistics (UNCTADstat), http://unctadstat.unctad .org/wds/ReportFolders/reportFolders.aspx?sCS_ChosenLang=en.

52. 同上。

53. "Chinese Investment Into Europe Hits Record High in 2014," Baker & McKenzie，更新日期：2015-2-11，http://www.bakermckenzie.com/news /Chinese-investment-into-Europe-hits-record-high-in-2014-02-11-2015/.

54. News Analysis: The global impact of China's 13th Five-Year Plan, Xinhua News, March 10, 2016, http://news.xinhuanet.com/english/2016-03/10/c_135175652.htm.

55. 聯合國貿易暨發展會議，World Investment Report 2015: Reforming International Investment Governance (Geneva: United Nations, 2015), 39, http://unctad.org/en/PublicationsLibrary/wir2015_en.pdf.

56. David Brown and Christopher Chan, "PwC M&A 2015 Review and 2016 Outlook," Pricewaterhouse Coopers Hong Kong, January 26, 2016, http:// www.pwchk.com/webmedia/doc/635893311472912475_ma_press_briefing _jan2016.pdf.

57. 中海油 2005 年併購美國石油公司 Unocal 失利，就是中國企業併購困難的一大例證。Nolan, Is China Buying the World?, 98–99.

58. Richard McGregor, "The World Should Be Braced for China's Expansion," 金融時報，2004-12-22，http://www.ft.com/cms/s/0/5b387e88-53be -11d9-b6e4-00000e2511c8.html.

59. 聯想近年來成為一個集團公司，原公司聯想中國總部設在北京，聯想美國總部設在北卡羅萊納州莫里斯威爾。聯想中國是負責製造、研發、軟體開發、企業服務的子公司，這是一家外國投資全資持有的公司，由外國法人在香港的聯想全資擁有。

60. Nolan, Is China Buying the World?, 98–99.

61. Thomas Buckley and Thomas Mulier, "AB InBev, SABMiller Reach Agreement

 on Acquisition," 彭博新聞，2015-10-13，http://www.bloomberg .com/news/articles/2015-10-13/ab-inbev-agrees-to-buy-sabmiller-for-104 -billion-in-record-deal.

62. Patrick Jenkins, "Indebted Chinese Banks Sidestep 'Too Big to Fail' Capital Buffers," 金融時報，2015-2-17，http://www.ft.com/cms/s/0 /0d1649e4-b5ea-11e4-a577-00144feab7de.html.

63. 「策略」企業的概念經常也泛指並無明顯國家利益的企業。

64. Nolan, Is China Buying the World?, 108–109.

65. Kevin P. Gallagher and Margaret Myers, "China–Latin America Finance Database," Inter-American Dialogue，上網日期：2015-11-13，https://www.thedialogue.org/map_list.

66. Toh Han Shih, "China to Provide Africa with US$1 Trillion Financing," 南華早報，2013 年 11 月 18 日，http://www.scmp.com/business /banking-finance/article/1358902/china-provide-africa-us1tr-financing，引自孫芸（Yun Sun） 的 "China's Aid to Africa: Monster or Messiah?," Brookings, February 2014, http://www.brookings.edu/research/opinions/2014/02/07-china-aid -to-africa-sun.

第 3 章

1. 引自 Gabriel Wildau, "China Shadow Bank Collapse Exposes GreyMarket Lending Risk," 金融時報，2014-12-4，http://www.ft.com /cms/s/0/82ac1f0e-7ac0-11e4-8646-00144feabdc0.html.

2. 世界銀行及中國國務院發展研究中心， "China: Structural Reforms for a Modern, Harmonious, Creative Society," in China 2030: Building a Modern, Harmonious, and Creative Society (Washington, D.C.: World Bank, 2013), 115.

3. Carmen M. Reinhart, Jacob F. Kierkegaard, and M. Belen Sbrancia, "Financial Repression Redux," Finance and Development 48, no. 1 (June 2011), http://www .imf.org/external/pubs/ft/fandd/2011/06/Reinhart.htm.

4. 同上，本文著重在有些總體審慎規定也會導致金融壓制。

5. 佩蒂斯（Michael Pettis）估算，以放款利率比 GDP 成長率低於 4 到 7 個百分點、家戶存款（含農村存款）相當於 GDP 的 80% 至 100%，金額約人民幣 122 兆元計算，家戶每年轉移給國有企業、基礎建設投資等其他優待的金融機構大約 GDP 的 3% 至 8%。Michael Pettis, The Great Rebalancing: Trade, Conflict, and the Perilous Road Ahead for the World Economy (Princeton, N.J.: Princeton University Press, 2014), 85.（簡體中文版《大失衡：貿易、衝突、和失衡經濟的危險前路》）

6. Nicholas R. Lardy, Markets Over Mao (Washington, D.C.: Peterson Institute for International Economics, 2014), 131.

7. "World Development Indicators: Domestic Credit Provided by Financial

Sector (% of GDP)," 世界銀行，2016 年 5 月 18 日取得資料，http://da-tabank.worldbank. org/data/.

8. 同上。

9. Pettis, The Great Rebalancing, 86.

10. Lardy, Markets Over Mao, 11.

11. Nicholas R. Lardy, China's Unfinished Economic Revolution (Washington, D.C.: Brookings Institution Press, 1998), 23.

12. Peter Nolan, Is China Buying the World? (Cambridge, England: Polity Press, 2012), 56–58.

13. 世界銀行及國務院發展研究中心, China 2030, 104–109.

14. Michael Firth, Chen Lin, Ping Liu, and Sonia M. L. Wong, "Inside the Black Box: Bank Credit Allocation in China's Private Sector," Journal of Banking and Finance 33 (2009): 1145. 15. Edward Steinfeld, Playing Our Game: Why China's Rise Doesn't Threaten the West (Oxford, England: Oxford University Press, 2010), 32–33. （簡體中文版《中國的邏輯：為什麼中國的崛起不會威脅四方》）

16. 國家隊的名單很長，還包括電信業的中移動、中國聯通、中國電信；石化業的中國石化、中國石油，中海油、中化；航太業的中航工業；國防和相關產業的北方工業、南方工業。更全面的名單，可參照 Nolan, Is China Buying the World?, 59–60.

17. 同上，60.

18. 國務院國有資產管理委員會事業包括三家國營石油公司中國石化、中國石油，中海油；大型國有電信公司中國國電和中國華電；中國最大國有煤炭業者中國神華；主要國營輸變電系統業者國家電網和中國南方電網；主要國營航空公司中國國際航空、中國南方航空、中國東方航空，Lardy, Markets Over Mao, 51.

19. Steven P. Feldman, Trouble in the Middle: American-Chinese Business Relations, Culture, Conflict and Ethics (New York: Routledge, 2013), 122. 國務院副部長級（19 個部會）以上 183 位官員中，有 56 人或占 30.6% 擁有國有企業任職的經驗。Sheng Hong and Zhao Nong, China's State-Owned Enterprises: Nature, Performance and Reform, vol. 1 of Series on Chinese Economic Research (London: World Scientific Publishing, 2013), xxiii.

20. 當年掌控近五分之四銀行和信用合作社的存款，也是金融機構 93% 的貸款來源。Lardy, China's Unfinished Economic Revolution, 61.

21. 同上。

22. 同上，64–65. 這四大銀行不是新成立就是恢復成立，譬如農行 1965 年被廢，又在 1970 年代恢復成立。又比方說中國銀行是從人行分出來的，財政部轄下的支付單位則轉變 為建設銀行。

23. Joint Economic Committee Congress of the United States, 1975, (Washington, D.C.: U.S. Government Printing Office, 1976), 658–659.

24. 同上，531.

25. Yasheng Huang（黃亞生）, Capitalism with Chinese Characteristics: Entrepreneurship and the State (Cambridge: Cambridge University Press, 2008), 143.

26. 中國農業銀行，「農村個體工商業貸款實施辦法」，見於《1984 年農村金融規章制度選編》，中國農業銀行辦公室編，(Tianjin: Zhongguo jingrong chubanshe, 1986)，引自 Huang, Capitalism with Chinese Characteristics, 145–146. 27

27. China Banking Society, Almanac of China's Finance and Banking 1996 (Beijing: China Financial Publishing House, 1996), 428, 引自 Lardy, Markets Over Mao, 103.

28. Lardy, China's Unfinished Economic Revolution, 71–72.

29. China Banking Society, Almanac of China's Finance and Banking 1995 (Beijing: China Financial Publishing House, 1995), 578, 引自 Lardy, Markets Over Mao, 103.

30. 整個銀行體系包括信用合作社。

31. China Banking Society, Almanac of China's Finance and Banking 2012 (Beijing: China Financial Publishing House, 2012), 419, 423–427; and Audrey Redler, "International Comparison of Banking Sectors," European Banking Federation, March 18, 2014, www.ebf-fbe.eu. 引自 Lardy, Markets Over Mao, 32. 此為 2011 年數字，是中國銀行業協會最近統計。

32. 特別是國有商業銀行經歷一個大規模公開上市的資本重組過程，藉排除逾期放款來整飭資產負債，並精簡分行數和員工人數。四大國有商業銀行都透過公開上市股票將股份賣給外國策略夥伴。整個行業的治理藉成立監察人等措拖得到改善。整體來看，中國銀行業者變得更開放、更有競爭力、也更市場導向，只是挑戰仍在。Morris Goldstein and Nicholas R. Lardy,

The Future of China's Exchange Rate Policy (Washington, D.C.: Peterson Institute for International Economics, July 2009), 45–46.

33. Firth 等人，"Inside the Black Box," 1146.

34. Lardy, Markets Over Mao, 104.

35. 1995 年底，約 83% 流通在外的銀行貸款給予國有企業和地方政府。Lardy, China's Unfinished Economic Revolution, 83.

36. Firth 等人，"Inside the Black Box," 1146.

37. 同上，1144–1155.

38. "BIS Statistics Explorer: Debt Securities Issues and Amounts Outstanding," Bank for International Settlements, 網址：http://stats.bis .org/statx/toc/LBS.html. 上網日期 2015-12-1。

39. 此數字是 2013 年流通在外的政府債券。

40. People's Bank of China, "China Monetary Policy Report Quarter Two, 2015," August 7 2015, http://www.pbc.gov.cn/english/130727/130879/2941536/3011604 /index.html.

41. "Household Savings," 經濟合作發展組織（OECE），網址：doi:10.1787/cfc6f499-en. 上網日期 2015-12-1。

42 Marcos Chamon and Eswar Prasad, "Determinants of Household Saving in China" (working paper, International Monetary Fund, Washington, D.C., 2005), http://www.researchgate.net/publication/228728598.

43. Lardy, China's Unfinished Economic Revolution, 60.

44. 路透 Datastream，上網日期 2016-5-18。

45. 2015 年 7 月 底 數 字。Lucy Hornby, "China tightens grip on internet financing platform," 金融時報，2015-7-19，http://www.ft.com/cms /s/0/6b6a6ac4-2dcd-11e5-8873-775ba7c2ea3d.html.

45. Xiao Gang, "Regulating Shadow Banking," 英文中國日報，2012-10-12，http://www.chinadaily.com.cn/opinion/2012-10/12/content_15812305.htm.

47. IMF, People's Republic of China 2014 Article IV Consultation—Staff Report; Press Release; and Statement by the Executive Director for the People's Republic of China. IMF Country Report, No 14/235, https://www.imf.org/external /pubs/ft/scr/2014/cr14235.pdf.

48. 感謝 IMF 中國代表處人員提供此財富管理產品的估計。

49. Chris Flood. "China tightens money market regulation," Financial Times, January, 31 2016, http://www.ft.com/cms/s/0/66f85d72-b949-11e5-bf7e-8a339b6f2164.html.

50. Richard Dobbs, Susan Lund, Jonathan Woetzel, and Mina Mutafchieva, Debt and (Not Much) Deleveraging (London: McKinsey, February 2015).

51. Ruchir Sharma, "China Has Its Own Debt Bomb," 華爾街日報，2013-2-25，http://www.wsj.com/articles/SB10001424127887324338604578325962705788582.

第 4 章

1. 對居民和非居民都是如此。更具體的說，國際貨幣可以用於私人用途，像是通貨替代、貿易和金融交易、以及計價，也可用於公共用途，像是官方儲備、外匯干預的工具貨幣，以及供緊釘的錨定貨幣。Peter B. Kenen, The Role of the Dollar as an International Currency, Occasional Paper 13 (New York: Group of Thirty, 1983); Menzie Chinn and Jeffrey Frankel, "Will the Euro Eventually Surpass the Dollar as Leading International Reserve Currency?" (Working Paper 11510, National Bureau of Economic Research, Cambridge, MA, 2005).

2. 孟德爾 1993 年實際說的是「大國有決決貨幣」。Robert Mundell, "EMU and the International Monetary System: A Transatlantic Perspective" (Working Paper 13, Austrian National Bank, Vienna, 1993).

3. Benjamin Cohen, The Future of Sterling as an International Currency (Lodon: Macmillan, 1971), 62.

4. Catherine R. Schenk, The Decline of Sterling: Managing the Retreat of an International Currency, 1945–1992 (Cambridge: Cambridge University Press, 2010).

5. Nicholas R. Lardy, Foreign Trade and Economic Reform in China 1978–1990 (Cambridge: Cambridge University Press, 1992), 19–20. 到 1950 年代中期，國內和國際之間行情完全分開。

6. World Bank, China: Long-Term Issues and Options (Baltimore, Md.: John

Hopkins University Press, 1985), 97, 引自 Lardy, Foreign Trade, 20.

7. Lardy, Foreign Trade, 20. 1950 年代和 1960 年代尤其如此。

8. 鄧小平曾抱怨黑市外匯交易擾亂經濟改革順利執行。Graham Earnshaw, "China's Currency Blackmarket Blossoms," 路 透，1984-8-18–1996, http://www .earnshaw.com/other-writings/chinas-currency-blackmar-ket-blossoms.

9. Lardy, Foreign Trade, 120.

10. 同上，113.

11. William H. Overholt, The Rise of China: How Economic Reform Is Creating a New Super Power (New York: Norton, 1993), 162.

12. Ronald I. McKinnon and Kenichi Ohno, Dollar and Yen: Resolving Econom-ic Conflict Between the United States and Japan (Cambridge, Mass.: MIT Press, 1997), 183, 188, 199.

13. Richard McGregor, Edward Alden, Andrew Balls, and John Burton, "China Ends Renminbi's Decade-Old Peg to Dollar," 金融時報，2005-7-22， http://www.ft.com/cms/s/0/f56082a0-f9d9-11d9-b092-00000e2511c8.html.

14. 此為 2006 年的數據。 "Report to Congress on International Econom-ic and Exchange Rate Policies," 29, U.S. Treasury Department, June 2007, https:// www.treasury.gov/resource-center/international/ex-change-rate-policies /Documents/2007_FXReport.pdf.

15. 同上，32–33.

16. "China Launches Currency Shake-Up," BBC 新 聞，2005-7-22， http:// news .bbc.co.uk/1/hi/business/4703477.stm.

17. Yongding Yu（余 永 定）, "Rebalancing the Chinese Economy," Ox-ford Review of Economic Policy 28, no. 3 (2012): 552, doi:10.1093/oxrep/grs025.

18. Claude Barfield, "Congress and Chinese Currency Legislation," VoxEU, April 16, 2010, http://www.voxeu.org/article/congress-and-chinese-cur-rency-legislation.

19. 中國也同樣迫切想避免。參見 Paul Blustein, A Flop and a Debacle: Inside the IMF's Global Rebalancing Acts, Paper 4 (Waterloo, Ontario: Centre

for International Governance Innovation, June 2012), 11–13, 22.

20. 同上，8.

21. "Further Propelling the Currency Reform and Strengthening the Flexibility of the Renminbi Exchange Rate," 中國人民銀行，2010-6-19，http:// www.pbc.gov.cn/publish/zhengcehuobi-si/641/2010/20100621164121167284376 /20100621164121167284376.html.

22. 引述人行國際司司長張濤的談話。 "Official: Currency Reform 'Our Own Affair," 英文中國日報，2010-6-28。http://www.chinadaily.com.cn/china/2010g20canada/2010-06/28/content _10025959.htm.

23. Robin Harding and Josh Noble, "US Warns China After RMB Depreciation," 金融時報，2014-4-8，http://www.ft.com/cms/s/0/3355dc74-bed7-11e3 -a1bf-00144feabdc0.html.

24. "Report to Congress on International Economic and Exchange Rate Policies," 4, Office of International Affairs, U.S. Treasury Department, October 15, 2014, https://www.treasury.gov/resource-center/international/exchange-rate-policies /Documents/2014-10-15%20FXR.pdf.

25. "RMB Exchange Rate Has a Solid Foundation to Remain Stable Against a Basket of Currencies," 中國人民銀行，2015-12-14 http://www .pbc.gov.cn/english/130721/2989190/index.html.

26. Alice Y. Ouyang, Ramkishen S. Rajan, and Thomas D. Willett, "China as a Reserve Sink: The Evidence from Offset and Sterilization Coefficients," Journal of International Money and Finance 29, no. 5 (September 2010): 951–972, doi:10.1016/j.jimonfin.2009.12.006; John Greenwood, "The Costs and Implications of PBC Sterilization," Cato Journal 28, no. 2 (Spring–Summer 2008): 205–217, http://object.cato.org/sites/cato.org/files/serials/files/cato-journal /2008/5/cj28n2-4.pdf. 欲查準備金最近變更，參見 "China Cuts Banks' Reserve Requirement Ratio," 彭博新聞，2016-2-29，http://www.bloomberg.com/news/articles/2016-02-29/china -cuts-reserve-ratio-in-latest-step-to-support-growth.

27. Haihong Gao and Yongding Yu, "Internationalisation of the Renminbi" (paper presented at the BoK–BIS Seminar on Currency Internationalization in Seoul, South Korea, March 19–20, 2009), http://www.bis.org/repofficepubl /arpresearch200903.05.pdf. 此研究採用 2007 年底的資本帳數據。

28. Xiaolian Hu, "Convertibility of RMB-Denominated Capital Accounts: Process and Experience," in China's Emerging Financial Markets: Challenges and Global Impact, ed. Min Zhu, Cai Jinqing, and Martha Avery (Singapore: Wiley, 2009), 449–458.

29. 陳雨露指出，最好的順序如下：「資本先流入後流出，先直接投資後證券投資，先證券投資後銀行授信；先長期投資後短期投資，先法人投資後個人投資，先債券後證券及衍生商品，先一級市場後次級（交易）市場，實體擔保的交易要先於無實體擔保的交易。Chen Yulu, Chinese Currency and the Global Economy (Chicago: McGrawHill, 2014), 123.

30. 當局計劃建立 QDII（合格境內機構投資者）制度讓中國居民（不只機構投資者）也能投資海外資本市場。

31. Gao and Yu, "Internationalisation of the Renminbi," 8–9.

32. 感謝高海紅提供她尚未發布的研究來更新此資料。

33. "IMFC Statement by Zhou Xiaochuan, Governor, People's Bank of China" (Thirty-First Meeting of the International Monetary and Financial Committee, International Monetary Fund, Washington, D.C., April 18, 2015), 5, https://www .imf.org/External/spring/2015/imfc/statement/eng/chn.pdf.

第 5 章

1. 中華人民共和國國家統計局，"9-1 Price Indices" and "4-11 Average Wage of Employed Persons in Urban Units and Related Indices," 2015 年中國統計年鑑（北京：中國統計出版社）http://www.stats.gov .cn/tjsj/ndsj/2015/indexeh.htm.

2. 國際收支失衡的情況在亞洲很普遍，特別可參考 Ronald McKinnon 和 Gunther Schnabl 所著 "The East Asian Dollar Standard, Fear of Floating, and Original Sin," Review of Development Economics 8, no. 3 (2004): 331–360.

3. 2013 年底數據，Andrew Sheng and Ng Chow Soon, eds, Shadow Banking in China. An Opportunity for Financial Reform, Wiley-Fung Global Institute, 2016, table 3.16. 2011 年，中國國際投資淨額為 1.7 兆美元、4.7 兆美元資產和 2.9 億兆美元的負債。參見 Yongding Yu, "The 'Asset Crisis' of Emerging Economies," Project Syndicate, September 30, 2011, http://

www.project-syndicate.org/commentary /the—asset-crisis—of-emerging-economies.

4. Patrick McGuire and Goetz von Peter, "The US Dollar Shortage in Global Banking," BIS Quarterly Review, March 2009, 47–63, http://www.bis.org/publ /qtrpdf/r_qt0903f.pdf.

5. 周小川, "Reforming the International Monetary System" (演講), 中國人民銀行, 2009-3-23, http://www.pbc.gov.cn/english /130724/2842945/index.html.

6. Ronald McKinnon and Gunther Schnabl, "China's Exchange Rate and Financial Repression: The Conflicted Emergence of the RMB as an International Currency," China & World Economy 22, no. 3 (May/June 2014): 13, doi:10.1111/j.1749-124X.2014.12066.x.

7. 同上，15.

8. Barry Eichengreen and Ricardo Hausmann, "Exchange Rates and Financial Fragility," in New Challenges for Monetary Policy, Symposium 1999 (Kansas City, Mo.: Federal Reserve Bank of Kansas City, 1999): 330–331, https://www .kansascityfed.org/publicat/sympos/1999/s99eich.pdf.

9. Jonathan Kaiman, "China Agrees to Invest $20bn in Venezuela to Help Offset Effects of Oil Price Slump," 英國衛報, 2015-1-8 http://www.theguardian .com/world/2015/jan/08/china-venezuela-20bn-loans-financing-nicolas-maduro -beijing.

10. David Cook and James Yetman, "Expanding Central Bank Balance Sheets in Emerging Asia: A Compendium of Risks and Some Evidence," in Are Central Bank Balance Sheets in Asia Too Large?, Paper 66 (Basel: Bank for International Settlements, October 2012): 30–75.

11. 俄羅斯是另一個藉干預市場來管制資本流動並維持穩定的國家。譬如，在 2012 年 12 月，俄羅斯龐大貿易順差和資本流入迫使央行買匯 4,760 億美元，官方準備因此大增，在全球名列前茅。這不是個別的狀況，幾年前，也就是 2008 年，俄羅斯央行砸下當年全球第三大的官方儲備 6,000 億美元的三分之一，來遏止盧布走貶。

12. 2015 年 9 月，中國答應國際貨幣基金（IMF）會公佈外匯存底的部分組成，再過幾年，中國會公佈部位。華爾街日報，2015-9-30，Ian Talley and Lingling Wei, "China Begins Disclosing Reserves to IMF," http:// www.

wsj.com/articles/china-begins-disclosing-reserves-to-imf-1443624985.

13. Cook and Yetman, "Expanding Central Bank Balance Sheets," 30–75.

14. James Mackintosh, "Deep Pockets Support China's Forex Politics," 金融時報，2010-9-27，http://www.ft.com/cms/s/0/19f52ea0-ca7b-11df-a860-00144feab49a.html.

15. "U.S. International Transactions Accounts Data 2012," 美國經濟分析局，2012 年 12 月數據 http://www.bea.gov/international/index.htm.

16. 計算是以每日 1.9 美元（2011 年購買力平價）的貧窮人口為準。世界銀行 2015 年 10 月 1 日將貧窮門檻調至每日 1.9 美元，但中國最近只能取得 2010 年的資料。" World DataBank: World Development Indicators," 世界銀行，上網日期：2015-11-24，http://databank.worldbank.org/data/.

17. Michael Mackenzie, "China Sells US Treasury Debt Amid Strong Haven Demand," 金融時報，2011-10-11，http://www.ft.com/cms/s/0/b1d-54b0e-f98e-11e0-bf8f-00144feab49a.html#axzz2QdBU08lv. ；

18. 2014 年，中國國內生產毛額（GDP）按當前的美元匯率約為 10.4 兆美元，僅次於美國的 17.4 兆美元。不過，若以購買力平價來看，中國 GDP 為 18 兆美元 "World DataBank: World Development Indicators," 世界銀行，上網日期：2015-11-14，http://databank.world bank.org/data/.

19. 1980 年進口結算僅占 2.4%，實微不足道 "Relative Economic Size and Relative Use of Currencies," 日本財務省，上網日期：2015-11-24，http://www.mof.go.jp/english/about_mof/councils/customs_foreign_exchange/e1b064c2.htm.

20. 更精確的說，有 38％的出口和 22% 的進口採日圓結算。Takatoshi Ito, Satoshi Koibuchi, Kiyotaka Sato, and Junko Shimizu, "Why Has the Yen Failed to Become a Dominant Invoicing Currency in Asia? A Firm-Level Analysis of Japanese Exporters' Invoicing Behavior" (Working Paper 16231, National Bureau of Economic Research, Cambridge, Mass., July 2010), 7, doi:10.3386/w16231.

第 6 章

1. Jonathan Wheatley, "Brazil and China Eye Plan to Axe Dollar," 金融時報，2009-5-18 http://www.ft.com/cms/s/0/996b1af8-43ce-11de-a9be-00144feabdc0.html.

2. "UPDATE 1-BIS-China, Brazil Working on Trade FX Deal-Cenbanks," 路透，2009-6-28，http://www.reuters.com/article/2009/06/28/bis-trade-dUSLS14673020090628

3. "China and Brazil Sign $30bn Currency Swap Agreement," BBC 新聞，2013-3-27 http://www.bbc.co.uk/news/business-21949615.

4. Mitsuhiro Fukao, "Capital Account Liberalisation: The Japanese Experience and Implications for China," in China's Capital Account Liberalisation: International Perspective, Paper 15 (Basel: Bank for International Settlements, April 2003), 47, http://www.bis.org/publ/bppdf/bispap15h.pdf.

5. 日本財務省，"Chronology of the internationalization of the Yen," http://www.mof.go.jp/english/about_mof/councils/customs_foreign_exchange/e1b064c1.htm.

6. 推動日圓國際化的具體作法和措施可參考 "Current Status and Prospects for Financial Liberalization and the Internationalization of the Yen," 此檔案陳述推廣日圓國際使用的政策架構。

7. Masahiro Kawai, "Renminbi (RMB) Internationalization: Japan and China" (seminar presentation at Renminbi Internationalization: Japan and the People's Republic of China, Beijing, May 21, 2012), http://www.adbi.org/conf-seminar papers/2012/05/29/5072.renminbi.internationalization.japan.prc/.

8. 在 1990 年，歐洲聯盟總經濟規模次於美國，當時稱為歐洲共同體，經濟上整合度不及今日，也還沒有貨幣聯盟和單一貨幣。當年規模也較小，只有 12 個成員國，如今已有 28 個。

9. 經濟合作發展組織，OECD Economic Outlook, vol. 2014/2 (Paris: OECD Publishing, 2014 [revised 2015]), doi:10.1787/eco_outlook-v2014-2-en.

10. IMF COFER。也參見 Paola Subacchi, "Expanding Beyond Borders: The Yen and the Yuan" (Working Paper 450, Asian Development Bank Institute, Tokyo, December 2013), 16, https://openaccess.adb.org/bitstream/handle/11540/1203/2013.12.03 .wp450.expanding.beyond.borders.yen.yuan.pdf?sequence=1.

11. IMF，世界經濟展望，2016-4，http://www.imf.org/external/pubs /ft/weo/2016/01/pdf/text.pdf.

12. Robert Mundell, "The Case for a Managed International Gold Standard," in The International Monetary System: Choices for the Future, ed. Michael Connolly (New York: Praeger, 1983), 1–19; Alexander Swoboda, "Financial Integration and International Monetary Arrangements," in The Evolution of the International Monetary System," ed. Yoshio Suzuki, Jun'ichi Miyake, and Mitsuaki Okabe (Tokyo: University of Tokyo Press, 1990); George S. Tavlas and Yuzuru Ozeki, The Internationalization of Currencies: An Appraisal of the Japanese Yen, Occasional Paper 90 (Washington, D.C.: International Monetary Fund, 1992).

13. 這是 1992 年的統計數字。

14. C. Randall Henning, Currency and Politics in the United States, Germany, and Japan (Washington, D.C.: Institute for International Economics, 1994); William W. Grimes, "Internationalization of the Yen and the New Politics of Monetary Insulation," in Monetary Orders: Ambiguous Economics, Ubiquitous Politics, ed. Jonathan Kirshner (Ithaca, N.Y.: Cornell University Press, 2003).

15. Paola Subacchi, "Expanding Beyond Borders: The Yen and the Yuan" (Working Paper 450, Asian Development Bank Institute, Tokyo, December 2013), 16, https://openaccess.adb.org/bitstream/handle/11540/1203/2013.12.03.wp450. expanding.beyond.borders.yen.yuan.pdf?sequence=1.

16. Yong Wang, "Seeking a Balanced Approach on the Global Economic Rebalancing: China's Answers to International Policy Cooperation," Oxford Review of Economic Policy 28, no. 3 (2012): 569–586; 夏斌、陳道富，「從"廣場協議"看日圓升值的教訓及啟示」（《內蒙古金融研究》，2010）；殷劍鋒；「日圓國際化模式的教訓及啟示」（《求知》，2012）；魏加寧，「日本的教訓：日圓升值與泡沫經濟」（《西安金融》，2006），http://d.wanfangdata.com.cn/periodical_xajr200601001.aspx.

17. 1995 年夏，聯準會和日本銀行（央行）數度聯手干預，出售美元來壓抑日圓。

18. Y. Yu and J. Wei，「如何穩定人民幣：與經濟學家討論人行的匯率政策」，《金融》September 5, 2003; X. Zhao, 「張燕生：全球化與通貨膨脹」，《中國金融》(2008); Z. Yu, 「匯率制度改革必須維護貨幣主權」，《紅旗文稿》(2010); Wei, 「日本的教訓」。

19. Yunwei Fu and Minmin Jin, "New Analysis: Cross-Border RMB Trade Settlement Marks Key Step for Yuan to Become World Currency," CRIENGLISH, July 7, 2009, http://english.cri.cn/6909/2009/07/07/2041s499305.htm.

20. 此論壇按漆咸樓原則舉行:「會議期間或其中的一部分依漆咸樓原則舉行時,與會者得自由使用取得的資訊,惟不得具名或指涉講者,也不得透露其他與會者。」上網日期:2015-11-24,https://www.chathamhouse.org/about/chatham-house-rule.

21. "Speech by Governor Zhou at Hong Kong Session of Boao Forum," 中國人民銀行,2014-4-29,http://webcache.googleusercontent.com/search?q=cache:4bWzVkSaApYJ:www.pbc.gov.cn/english/130721/2806467 /index.html&hl=en&gl=uk&strip=1&vwsrc=0.

22. Paola Subacchi, One Currency, Two Systems: China's Renminbi Strategy (London: Chatham House, October 2010), https://www.chathamhouse.org/publications /papers/view/109498.

23. 引自 Howard Chao and Sean Tai, "The Coming Age of the Renminbi," Deal Magazine,2009-11-2, 更新 2009-12-16,http://www .mondaq.com/x/91212/M+A+Private%20equity/The+Coming+Age+Of+The+Renminbi.

24. Haihong Gao and Yongding Yu, "Internationalization of the Renminbi" (paper presented at BoK-BIS Seminar in Seoul, South Korea, March 19–20, 2009). 鄰近國家包括香港特區和澳門特區,以及東南亞國協成員:汶萊、柬埔寨、印尼、寮國、馬來西亞、緬甸、菲律賓、新加坡、泰國、越南。

25. 海外參與行、境外清算行、國內代理行都須經過香港金融管理局和人行批准,才有資格執行人民幣垮境結算。

26. 當年在廣東大部地區,港幣比人民幣更受歡迎。William H. Overholt, The Rise of China: How Economic Reform Is Creating a New Superpower (New York: W. W. Norton, 1993), 165.

27. Mark L. Clifford and Dexter Roberts, "Commentary: Should China Revalue? Soon, It May Have No Choice," 彭博雜誌,2003-8-3, http://www .bloomberg.com/bw/stories/2003-08-03/commentary-should-china-revalue -soon-it-may-have-no-choice.

28. 因大陸官方的外匯市場和鄰近地區尤其香港的「非正式」監管外的市場各

管各的，後者的匯率也和大陸官方匯率不同，也製造套利的大好機會。

29. 中方報導和私下談話。

30. Arvind Subramanian, Preserving the Open Global Economic System: A Strategic Blueprint for China and the United States, Policy Brief 13–16 (Washington, D.C.: Peterson Institute for International Economics, June 2013), 5, http://piie.com /publications/pb/pb13-16.pdf.

31. 2009 年 7 月，365 家公司獲准成為大陸試點規畫的指定企業，允許使用人民幣作國際貿易結算。五個試點城市所在的公司經當地省政府推薦，並由中央政府核准，即可成為指定的企業。試點規畫中，對大陸以外的企業並無具體的合格條件。Hong Kong Monetary Authority, "Renminbi Trade Settlement Pilot Scheme," 香港金管局季報，2009-9，http://www.hkma.gov.hk/media/eng/publication-and-research/quarterly -bulletin/qb200909/fa2_print.pdf.

32. "HSBC to Become Involved in Cross-Border RMB Settlement's First Foreign Trip," 新華社，2009-7-6，http://money.163.com/09/0706/14/5DI0QHET0025335L.html.

33. "The Pilot RMB Trade Settlement Scheme and RMB Internationalisation," 香港貿易發展局研究，2015-5-29，http://economists-pick-research.hktdc.com /business-news/article/Economic-Forum/The-Pilot-RMB-Trade-Settlement -Scheme-and-RMB-Internationalisation/ef/en/1/1X-000000/1X05VOBP.htm.

34. Ho Wah Foon, "Betting on China," Infinite Horizons (HSBC Bank Malaysia Berhad) 4 (November 2009): 4, https://www.hsbc.com.my/1/PA_ES_Content _Mgmt/content/website/commercial/news_events/bizmag-infinite_horizons /magazine_pdfs/infinite_horizons_vol4_nov2009.pdf.

35. "RMB Preferred for Sino-Vietnamese Border Trade Settlement," 搜狐新聞，2009-9-3，http://business.sohu.com/20090903/n266423192.shtml.

36. "China-ASEAN FTA to Accelerate RMB Regionalization," 新華社，2009-10-23， http://news.xinhuanet.com/english/2009/10/23/content _12308041.htm.

37. Edward Russell, "HSBC Launches RMB Current Accounts in Hong Kong," 亞洲金融雜誌（FinanceAsia），2010-5-30，http://www.financeasia.com/News/170641,hsbc -launches-rmb-current-accounts-in-hong-kong.

aspx.

38. 私下談話。

39. 北京、天津、內蒙古、遼寧、上海、江蘇、浙江、福建、山東、河北、廣東、廣西、海南、重慶、四川、雲南、吉林、黑龍江、西藏、新疆。

40. 這裡大陸指的是由中華人民共和國直接管轄的區域。

41. 貿易公司須經人行和香港金管局各自管轄的授權。一旦人民幣跨境交易經過同意，大境內外的商業銀行便可實施結算。

42. Hans Genberg, "Currency Internationalisation: Analytical and Policy Issues" (Working Paper 31, Hong Kong Institute for Monetary Research, October 31, 2009), 6, doi:10.2139/ssrn.1628004.

43. "China RMB Trade Settlement Reshape Global Forex," Success Business Fund, October 31, 2012, http://bizfundedge.com/economic/china-rmb-trade-settle ment-reshape-global-forex/.

44. Dong He and Robert Neil McCauley, "Offshore Markets for the Domestic Currency: Monetary and Financial Stability Issues" (Working Paper 320, Bank for International Settlements, Basel, September 2010), http://www.bis.org/publ /work320.pdf.

45. 同上。

第 7 章

1. 這裡多虧有紐吉（John Nugée）的觀察。

2. Dong He and Robert McCauley, "Eurodollar Banking and Currency Internationalisation," BIS Quarterly Review, June 2012, 35–36.

3. 總流動性兩大部分——官方流動性和民間流動性的定義，可參見 Dietrich Domanski, Ingo Fender, and Patrick McGuire, "Assessing Global Liquidity," BIS Quarterly Review, December 2011, 59–62. 總流動性取決於「融資和市場流動性的互動」，並由公部門的作為（包括貨幣當局）以及金融機構和民間投資人所帶動。同上，58. Dong He and Robert Neil McCauley, "Offshore Markets for the Domestic Currency: Monetary and Financial Stability Issues" (Working Paper 320, Bank for International Settlements, Basel, September 2010), http://www.bis.org/publ /work320.pdf.

4. 多年來，歐洲美元市場已由純離岸市場轉變為美國境外主要是借貸者和放款者之間的中介基金，作為美國境內的借貸者和放款者之間管道的程度較小，作為美國借貸者和境外放款者之間的管道更是微不足道。He and McCauley, "Eurodollar Banking," 42.

5. 2015 年 1 月底較上年 1 月的 1.63% 增長 35%。Deutsche Bank, Harnessing the RMB Opportunity: A Brief Guide to China's Global Currency (Hong Kong: Deutsche Bank, May 2015), 6, https://www.db.com/en/media/Harnessing-the-RMB-opportunity—A-brief -guide-to-China-s-global-currency.pdf.

6. 2011 年 1 月頒布的新辦法應可增加中國對香港的直接投資。新辦法允許大陸企業以人民幣實施並結算對外直接投資，而在香港的銀行可以提供人民幣資金以便捷這類交易。Hong Kong Monetary Authority, Hong Kong: The Global Offshore Renminbi Business Hub (Hong Kong: Hong Kong Monetary Authority, January 2016), http://www .hkma.gov.hk/eng/key-functions/international-financial-centre/renminbi -business-hong-kong.shtml.

7. Institute of International Finance (figures are published by the Institute of International Finance and are available only to members: https://www.iif.com /publication/capital-flows/tracking-china-s-capital-flows-iif-framework). 也參見 Shawn Donnan, "Capital Flight from China Worse than Thought," 金融時報，2016-1-20。

8. Dong He, "International Use of the Renminbi: Developments and Prospects" （清華大學 - 哥倫比亞大學國際經濟學研討會暨人民幣匯率與國際貨幣新體系學術研討會演講，北京，2011-6-28）, 25, http://www.hkimr .org/uploads/news/54/news_0_65_dhe-presentation-28-june-2011.pdf.

9. Paola Subacchi, Helena Huang, Alberta Molajoni, and Richard Varghese, Shifting Capital: The Rise of Financial Centres in Greater China (London: Chatham House, May 2012); Haihong Gao and Yongding Yu, "Internationalization of the Renminbi" (paper presented at BoK-BIS Seminar, Seoul, South Korea, March 19–20, 2009).

10. 有關貨幣交換也參見 Julia Leung, Facing the Flood: How Asia Is Coping with Volatile Capital Flows (London: Chatham House, November 2014).

11. Ma Rentao and Zhou Yongkun, "Currency Swap: Effective Method of Participating in International Financial Rescue and Enforcing RMB Internationalization," China Finance 4, no. 658 (2009).

12. 並無官方文件公開談到換匯協議的重要性,但廣獲認可的是,這類協議是人民幣策略一個重要的元素。簽署「目的是為了提升雙邊金融合作、便捷雙邊貿易和投資,並維持區域金融穩定」。 "Establishment of a Bilateral Local Currency Swap Agreement Between the People's Bank of China and the State Bank of Pakistan," People's Bank of China, December 28, 2011, http://www.pbc .gov.cn/english/130721/2856547/index.html. 國務院決定每個雙邊協議的安排、選擇及金額。

13. 2015 年 7 月 30 日止數字。People's Bank of China, RMB Internationalization Report (Beijing: China Financial Publishing House, 2015), 32.

14. 清邁協議是東南亞國協和中、日、韓共十國達成的多邊換匯協議,2010 年啟動,對遭遇流動性危機的國家提供金融安全網。目前額度有 2,400 億美元,高於 2010 年承諾的 1,200 億美元。

15. 2015 年 7 月底數字,People's Bank of China, RMB Internationalization Report, 41–42.

16. "People's Bank of China and Hong Kong Monetary Authority Renew Currency Swap Agreement," Hong Kong Monetary Authority, November 22, 2011, http://www.hkma.gov.hk/eng/key-information/press-releases/2011/20111122-3 .shtml.

17. "Renminbi Liquidity Facility to Renminbi Business Participating Authorized Institutions" (press release), Hong Kong Monetary Authority, June 14, 2014, http://www.hkma.gov.hk/eng/key-information/press-releases/2012/20120614-4 .shtml.

18. Robert Cookson, "Hong Kong to Offer Renminbi Loans to Banks," 金融時報,2012-6-14,http://www.ft.com/cms/s/2/7e62666e-b601-11e1-a511-00144 feabdc0.html.

19. "CDB Chairman: BRICS Will Sign Agreements to Formalize Local Currency Invoicing and Lending," 國家開發銀行要聞,2012-3-28, http://www.cdb.com.cn /english/NewsInfo.asp?NewsId=4046; Henny Sender and Joe Leahy, "China Offers Other Brics Renminbi Loans," 金融時報,2012-3-7,http:// www.ft.com/cms/s/0/3e46ac04-67fd-11e1-978e-00144feabdc0.html.

20. HVPS 是大陸的中國國家現代化支付系統(CNAPS)的骨幹,是一種即時大額結算系統,主要用於高額的人民幣轉帳。International Monetary Fund, People's Republic of China: Detailed Assessment Report: CPSS

Core Principles for Systemically Important Payment Systems, IMF Country Report No.12/81 (Washington, D.C.: International Monetary Fund, April 2012): 4, 19. 2012 年 1 月，人行決定提升中國國家現代化支付系統以便捷人民幣跨境貿易結算規畫。Lingling Wei, "China Is Easing Yuan-Pay System," 華爾街日報，2012-1-5，http://www.wsj.com /articles/SB10001424052970203513604577139981921915046.

21. RTGS 系統是一種資金轉移系統，供銀行間高額資金和證券即時且大額移轉。（也就是說，資金按筆結算，借方對貸方不須扣抵）Bank for International Settlements, Real-Time Gross Settlement Systems: Report Prepared by the Committee on Payment and Settlement Systems of the Central Banks of the Group of Ten Countries (Basel: Bank for International Settlements, 1997), http://www.bis.org/cpmi/publ /d22.pdf.

22. Hong Kong Interbank Clearing Limited, Participants of Hong Kong Clearing System, April 26, 2016, http://www.hkicl.com.hk/clientbrowse.do?docID=7199 &lang=en.

23. 目前，上限是每人現金每筆不超過人民幣 6,000 元等值的金額，若是透過存款帳戶每人每日不超過人民幣 2 萬元，這與 2005 年規定的限額相同。參見 "Hong Kong: The Global Offshore Renminbi Business Hub," Hong Kong Monetary Authority, January 2016, 22, Q4, http://www.hkma.gov.hk/media/eng/doc/key -functions/monetary-stability/rmb-business-in-hong-kong/hkma-rmb-booklet .pdf. 也參考 "HKMA Scraps 20,000 Yuan Daily Conversion Cap in Landmark Reform," 南華早報，2014-11-13，http://www.scmp.com/business/economy/article/1638077/hkma-says-yuan-exchange-cap-lifted -november-17-when-stock-connect，以及 Norman T. L. Chan, "Removal of RMB Conversion Limit for Hong Kong Residents" (speech), Hong Kong Monetary Authority, November 12, 2014, http://www.hkma.gov.hk/eng/key-information /speech-speakers/ntlchan/20141112-1.shtml.

24. 這裡每人每日匯出上限為人民幣 5 萬元。匯出未用的部分可以匯回同一個名下在香港的人民幣帳戶。

25. 也包括在香港市場人民幣計價債券、保單、以及其他投資產品。

26. "Standard Chartered Says Has Completed Yuan Clearing for Sweden' s IKEA Via CIPS," 路透，2015-10-7，http://www.reuters.com /article/2015/10/08/china-economy-cips-yuan-idUSL3N1280KK20151008.

27. "Bank of China Launches Renminbi Bonds in Hong Kong," 中國銀行，中銀新聞稿，2007-9-12，http://www.bankofchina.com/en/bocinfo /bi1/200810/t20081027_8054.html?keywords=hong+kong+3+billion+rmb+bond +offering.

28. Steve Chan, "Debt Market Industry in Hong Kong," 香港貿易發展局研究，2014-9-15，http://hong-kong-economy-research.hktdc.com/business -news/article/Hong-Kong-Industry-Profiles/Debt-Market-Industry-in -Hong-Kong/hkip/en/1/1X000000/1X003UPT.htm.

29. Patrick McGee, "Panda bonds triumph over dim sum debt after turmoil," 金融時報，2015-11-30，http://www.ft.com/cms/s/2/511cb962-7f15-11e5-98fb -5a6d4728f74e.html?siteedition=uk#slide0.

30. International Monetary Fund, People's Republic of China—Hong Kong Special Administrative Region: 2012 Article IV Consultation Discussions, Country Report 13/11 (Washington, D.C.: International Monetary Fund, January 2013), 15, https://www.imf.org/external/pubs/ft/scr/2013/cr1311.pdf.

31. "Properly Adjust Liquidity and Maintain the Stability of Money Market," People's Bank of China, June 26, 2013, http://www.pbc.gov.cn/english/130721/2895330 /index.html; "Communiqué of the Third Plenary Session of the 18th Central Committee of the Communist Party of China," 中國網，2014-1-15，http://www .china.org.cn/china/third_plenary_session/2014-01/15/content_31203056.htm.

32. "Administrative Rules on Settlement of RMB-Denominated Foreign Direct Investment, PBC Document No. 23 [2011]," People's Bank of China, October 13, 2011, http://www.pbc.gov.cn/english/130733/2862916/index.html.

33. "Hong Kong Says in Talks with Beijing to Raise RQFII Quota," 路透，2015-6-9，http://www.reuters.com/article/2015/06/09/china-rqfii-id USL3N0YV2QN20150609.

34. People's Bank of China, RMB Internationalization Report, 32.

35. 2015 年 5 月 7 日止，陸股有 571 檔股票納入此計畫。"Shanghai– Hong Kong Stock Connect," 花旗銀行，上網日期：2015-12-8，https://www .citibank.com.hk/english/investment/shanghai-hongkong-stock-connect.htm.

36. Josh Noble, "Demand for China' s Stock Connect Slumps," 金 融 時 報，2014-11-19，http://www.ft.com/cms/s/0/e138d20e-6fc8-11e4-90af-00144 feabdc0.html. 也參見 Bourse Consult, London RMB Business Volumes 2014, City of London Renminbi Series (London: City of London Corporation, June 2015), https://www.cityoflondon.gov.uk/business/economic-research-and -information/research-publications/Documents/Research-2015/London -RMB-business-volumes-2014.pdf.

37. Josh Noble and Gabriel Wildau, "Hong Kong–Shanghai Exchange Deal Sees Money Head North," 金 融 時 報，2015-11-17，http://web-cache .googleusercontent.com/search?q=cache:JQvANkOWjkAJ:www.ft.com /cms/s/0/fd78b37a-6e07-11e4-bf80-00144feabdc0.html+&c-d=9&hl=en&ct =clnk&gl=uk.

38. 中國官方目前評估擴大此計畫至深圳證交所（譯按：深港通已於 2016 年 12 月 5 日開通），也評估在亞、歐其他金融中心擴大實施。

39. Shanghai-Hong Kong Stock Connect, Monthly Statistics, http://www.hkex .com.hk/eng/csm/chinaConnect.asp?LangCode=en. People' s Bank of China, RMB Internationalization Report, 50.

40. 同上。

41. Cf. Z/Yen Group, Global Financial Centres Index 8 (London: Long Finance, October 2010), http://www.zyen.com/GFCI/GFCI%208.pdf.

42. 鄧小平 1984 年率先使用「一國兩制」一詞。Deng Xiaoping, "One Coun-try, Two Systems," in Selected Works of Deng Xiaoping, vol. 3, 1982–1992 (Beijing: Foreign Languages Press, 1994), 46.

43. William H. Overholt, The Rise of China: How Economic Reform Is Creating a New Superpower (New York: W. W. Norton, 1993), 197, 203.

44. 有關大陸內地經濟因離岸市場發展所構成貨幣和金融穩定的風險，以及汲取歐元市場經驗來管理這類風險的政策選擇，參見 Dong He and Robert N. McCauley, "Offshore Markets for the Domestic Currency: Monetary and Financial Stability Issues" (Working Paper 320, Bank for International Settlements, Basel, September 2010).

45. "The 2009–10 Policy Address: Breaking New Ground Together," 3, 5, Hong Kong Government，上網日期：2015-12-8，http://www.policyad-dress.gov .hk/09-10/eng/docs/policy.pdf.

46. "SWIFT RMB Tracker: A Stellar Performance in 2011 Positions London as Next RMB Offshore Centre," 1, SWIFT, January 2012, https://www.swift.com /assets/swift_com/documents/products_services/SWIFT_RMB_Tracker _January2012.pdf.

47. SWIFT 是全球金融機構在安全的環境下交流金融交易資訊的網路。

48. 美元仍居首位，港幣緊跟在人民幣之後。

49. HKMA, Monthly Statistical Bulletin, May 2016, No. 261, http://www.hkma .gov.hk/eng/market-data-and-statistics/monthly-statistical-bulletin/table .shtml#section3.

50. Jesús Seade, Ping Lin, Yue Ma, Xiandong Wei, and Yifan Zhang, "Hong Kong as an International Centre for China and the World" (draft, Department of Economics, Lingnan University, Hong Kong, July 7, 2010).

第 8 章

1. Ben Yue, "Cross-Border Trade in Yunnan Shows the Road Ahead," 英文中國日報，2013-7-5，http://www.chinadailyasia.com/business/2013-07/05/content _15077137.html.

2. "IMF's Executive Board Completes Review of SDR Basket, Includes RMB Renminbi," Press Release No. 15/540, November 30, 2015, https://www.imf.org /external/np/sec/pr/2015/pr15540.htm.

3. "Yuan Rising: Singapore's RMB Usage Climbs by 4 Percent in 2014," Singapore Business Review, July 9, 2014, http://sbr.com.sg/financial-services /news/yuan-rising-singapore%E2%80%99s-rmb-usage-climbs-4-in -2014#sthash.GH8TlkEO.dpuf.

4. 不過，中國大陸是台灣最大貿易夥伴目前來看對台北也是一個弱點。

5. 備忘錄簽署於 2009 年 11 月。"Taipei, Beijing Sign Financial MOUs," Taiwan Today, 2009-11-17，http://taiwantoday.tw/ct.asp?xl tem=78329&ct-Node=452&mp=9. 也參見 Shuching Chou, Shin-Hung Lin, Hui-Lan Yang, and Yi-Ting Shen, "The Market Reactions to the Cross -Border Banking-Evidence of Taiwan Banks in China," International Journal of Business and Social Science 4, no. 10 (August 2013): 217; and Wendy Zeldin, "China; Taiwan: Financial MOUs Signed," Global Legal Monitor, Library of Congress, November 19, 2009, http://www.loc.gov/law/foreign-news/

article /china-taiwan-financial-mous-signed/.

6. Paola Subacchi and Helena Huang, "Taipei in the Renminbi Offshore Market: Another Piece in the Jigsaw," Chatham House Briefing Paper, London, Chatham House, June 2013.

7. 2012 年上半年，日中雙邊貿易中人民幣結算的貿易僅占總金額不到 1%。Ben McLannahan, "Sluggish Start for Yen/Renminbi Market," 金融時報，2012-11-29，http://on.ft.com/TnWjyt.

8. "Guidance: Doing Business in China: China Trade and Export Guide," UK Trade and Investment, updated December 21, 2015, https://www.gov.uk /government/publications/exporting-to-china/exporting-to-china.

9. Bourse Consult, London: A Centre for Renminbi Business, City of London Renminbi Series (London: City of London Corporation, April 2012), https://www.cityoflondon.gov.uk/business/support-promotion-and-advice /promoting-the-city-internationally/china/Documents/London_A_ Centre _for_RMB_business_2013.pdf.

10. Bourse Consult, London RMB Business Volumes 2014, City of London Renminbi Series (London: City of London Corporation, June 2015), http://www .cityoflondon.gov.uk/business/economic-research-and-information/research -publications/Documents/Research-2015/London-RMB-business-volumes -2014.pdf.

11. Catherine R. Schenk, "The Origins of the Eurodollar Market in London: 1955–1963," Explorations in Economic History 35, no. 2 (April 1998): 221–238.

12. Bourse Consult, London RMB Business Volumes 2014, City of London Renminbi Series (London: City of London Corporation, June 2015), 23, https:// www.cityoflondon.gov.uk/business/economic-research-and-information /research-publications/Documents/Research-2015/London-RMB-business -volumes-2014.pdf. 倫敦 2011 年人民幣存款的數據 2012 年 4 月一份倫敦人民幣業務的報告誤植為人民幣 1,090 億元。這個計算上的錯誤使倫敦人民幣存款於 2013 年 1 月的報告明顯下滑（2012 年 6 月止為 102 億美元），反映了矛盾。

13. Stefan Wagstyl, "HSBC Raises $300m in Renminbi Bond Issue," 金融時報，2012-4-18，http://www.ft.com/cms/s/0/067703e4-8974-11e1-85b6 -00144feab49a.html.

14. HM Treasury and The Right Honorable George Osborne MP, "Britain Issues Western World's First Sovereign RMB Bond, Largest Ever RMB Bond by Non-Chinese Issuer," October 14, 2014, https://www.gov.uk/government/news /britain-issues-western-worlds-first-sovereign-rmb-bond-largest-ever-rmb -bond-by-non-chinese-issuer.

15. London Stock Exchange, "Renminbi Bonds on London Stock Exchange," May 2016, http://www.londonstockexchange.com/specialist-issuers/debts-bonds /renminbi/rmb-presentation.pdf.

16. HM Treasury and The Right Honorable George Osborne MP, "Speech by the Chancellor of the Exchequer, Rt Hon George Osborne MP, at the City of London RMB Launch Event," April 18, 2012, https://www.gov.uk/government /speeches/speech-by-the-chancellor-of-the-exchequer-rt-hon-george-osborne -mp-at-the-city-of-london-rmb-launch-event.

17. "HSBC Launching London's First Offshore Yuan Bond" 人行新聞發布，2012-4-19，http://www.pbc.gov.cn/english/130721/2860119 /index.html.

18. Weihao Cao and Gabriel Wildau, "Daimler AG to Launch First-Ever Bond Sale in China by Foreign Non-financial Company—Sources," 路透，2014-1-22，http://www.reuters.com/article/china-bond-daimler-idUSL3N0KW1NY20140122.

19. 此為 2015 年第 3 季的數據。

20. 湯森路透 Datastream（2014）。不過，2014 年 3 月達到歷史新高人民幣 6,620 億元後，人民幣貿易結算擴張的步調已經減緩。

21. "RMB strengthens its position as the second most used currency for documentary credit transactions," SWIFT, January 26, 2015, https://www.swift.com /insights/press-releases/rmb-strengthens-its-position-as-the-second-most -used-currency-for-documentary-credit-transactions.

22. 2015 年 1 月 數 據。 "RMB Now 2nd Most Used Currency in Trade Finance, Overtaking the Euro," SWIFT, December 3, 2013, http://www.swift.com/about _swift/shownews?param_dcr=news.data/en/swift_com/2013/PR_RMB_nov.xml.

23. Arvind Subramanian and Martin Kessler, "The Renminbi Bloc Is Here: Asia Down, Rest of the World to Go?" (Working Paper 12–19, Peterson Insti-

tute for International Economics, Washington, D.C., August 2013), https://www.piie .com/publications/wp/wp12-19.pdf.

24. National Bureau of Statistics of China, "11-6 Value of Imports and Exports by Country (Region) of Origin/Destination," in China Statistical Yearbook 2014 (Beijing: China Statistics Press, 2014).

25. 貿易失衡主要由於兩國產品種類上的差異。越南出口不是原物料就是低附加價值的工業製成品，像是煤炭、原油、橡膠、海產、鞋類。相較之下，中國銷往越南主要產品是加值的工業製成品，像是機器、藥品、石化產品。

26. China Ministry of Commerce, "Brief Statistics on China's Non-Financial Direct Investment Overseas in January-February 2016," http://english.mofcom.gov.cn /article/statistic/foreigntradecooperation/201604/20160401297794.shtml.

27. Jesús Seade, Ping Lin, Yue Ma, Xiandong Wei, and Yifan Zhang, "Hong Kong as an International Centre for China and the World" (draft, Department of Economics, Lingnan University, Hong Kong, July 7, 2010).

28. "RMB Internationalisation: Perspectives on the Future of RMB Clearing" (white paper), 6, SWIFT, 上網日期：2015-12-9，http://www.swift.com/resources /documents/SWIFT_White_paper_RMB_internationalisation_EN.pdf.

29. Yongding Yu, "How Far Can Renminbi Internationalization Go?" (Working Paper 461, Asian Development Bank Institute, Tokyo, February 2014).

30. Gabriel Wildau, "Renminbi Fights Back as PBoC Intervention Subsides," 金融時報，2014-8-19，http://www.ft.com/cms/s/0/e27b87c4-2775-11e4-be5a-00144feabdc0.html.

31. 關於此問題，可參見 Yongding Yu, "Revisiting the Internationalization of the Yuan" (Working Paper 366, Asian Development Bank Institute, Tokyo, July 2012).

32. Chris Salmon, "Three Principles for Successful Financial Sector Reform" (speech, City Week 2012: The International Financial Services Forum, London, February 7, 2012), 7, http://www.bankofengland.co.uk/publications/Documents /speeches/2012/speech545.pdf.

33. Sebastian Heilmann, "Policy Experimentation in China's Economic Rise," Studies in Comparative International Development 43, no. 1 (March

2008): 23, quoted in Daniel A. Bell, The China Model: Political Meritocracy and the Limits of Democracy (Princeton, N.J.: Princeton University Press, 2015), 183. Bell stresses how a repertoire of policy experiments helped Deng Xiaoping reframe the main mission of the Chinese Communist Party from achieving communism to achieving rapid economic growth.

34. Bell, The China Model, 183–184.

35. Heilmann, "Policy Experimentation," 8–9, quoted in Bell, The China Model, 184.

第 9 章

1. 盛松成，「我國正處於資本帳戶開放戰略機遇期」，中國證券報・中證網，http://news.gxtv.cn/201202/news_7343571.html.

2. Arthur Kroeber, "The Chinese Yuan Grows Up—Slowly" (policy paper, New America Foundation, Washington, D.C., March 18, 2011), 2.

3. Takatoshi Ito, The Internationalization of the Renminbi (New York: Council on Foreign Relations, 2011), 11.

4. 可參見例子，Yongding Yu, "Revisiting the Internationalization of the Yuan," ADBI Working Paper Series, No. 366, July 2012.

5. 這正是人行副行長胡曉煉在內的中國決策者一再強調的論點。"Hu Xiaolian: Successful Experiences of Further Reforming the RMB Exchange Rate Regime," BIS Review 105/2010, Bank for International Settlements, July 30, 2010, www.bis .org/review/r100812d.pdf; Hu Xiaolian, "RMB Internationalization and the Globalization of China's Financial Sector" (speech, Lujazhui Forum 2012: Reforming Global Financial Governance for Real Economic Growth, Shanghai, June 28–30, 2012), 127, http://en.sjr. sh.gov.cn/coverage/lujiazui/pdf/2012-forum .pdf.

6. Gabriel Wildau, "Authorities Are Taking a Cautious Approach to Shanghai Test Ground," 金融時報，2014-11-4

7. "IMFC Statement by ZHOU Xiaochuan, Governor, People's Bank of China" (Thirty-First Meeting of the International Monetary and Financial Committee, International Monetary Fund, Washington, D.C., April 18, 2015), https://www .imf.org/External/spring/2015/imfc/statement/eng/chn.pdf.

8. World Bank and Development Research Center of the State Council, People's Republic of China, "China: Structural Reforms for a Modern, Harmonious, Creative Society," in China 2030: Building a Modern, Harmonious, and Creative Society (Washington, D.C.: World Bank, 2013), 115–117.

9. 譬如，物價控制扭曲了資源的分配，監管障礙會在許多領域妨礙民營企業，尤其是服務業，國營事業在這方面幾乎完全掌控。

10. Xi Jinping, "Explanatory Notes to the 'Decision of the Central Committee of the Communist Party of China on Some Major Issues Concerning Comprehensively Continuing the Reform,'" in The Governance of China (Beijing: Foreign Languages Press, 2014), 84. In November 2014, Keqiang Li, China's premier, announced a ten-point plan for financial reform.

11. 引自陳玉露，Chinese Currency and the Global Economy (Chicago: McGraw-Hill, 2014), 124.

12. 更具體地說，世界銀行建議（1）金融體系全面商業化和合理化；（2）利率進一步自由化；（3）深入資本市場；（4）提升金融基礎設施和法制架構；（5）強化管制和監督架構；（6）建立金融安全網並發展危機管理；（7）政府權責重組。World Bank and Development Research Center of the State Council, "China: Structural Reforms," 118–125.

13. Zhou Xiaochuan, "Speech at the Annual Forum of Chinese Economists," December 1, 2010, 引自 Yang Jiang, "The Limits of China's Monetary Diplomacy," in The Great Wall of Money, ed. Eric Helleiner and Jonathan Kirshner (Ithaca, N.Y.: Cornell University Press, 2014), 160.

14. William H. Overholt, The Rise of China: How Economic Reform Is Creating a New Superpower (New York: W. W. Norton, 1993), 149.

15. Henry Kissinger, On China (London: Allen Lane, 2011), 485.

16. Overholt, The Rise of China, 150. 「比方說，他們讓公債市場機制自己發展，開始有點混亂，然後待了解經濟的需求和選擇什麼樣的管制之後再介入規範。」

17. Yasheng Huang, Capitalism with Chinese Characteristics. Entrepreneurship and the State, Cambridge: Cambridge University Press, 2008:145.

18. 「市場社會主義」改稱「社會主義市場經濟」，這種措詞上的變化，出現於 1992 年底的第 14 次全國代表大會。Party. Edward S. Steinfeld, Playing

Our Game (Oxford, England: Oxford University Press, 2010), 57.

19. 中小企業是「政府在教條正確和經濟務實之間的妥協」的例證。Michael Firth, Chen Lin, Ping Liu, and Sonia M. L. Wong, "Inside the Black Box: Bank Credit Allocation in China's Private Sector," Journal of Banking and Finance 33 (2009): 1145.

20. Paola Subacchi, Helena Huang, Alberta Molajoni, and Richard Varghese, Shifting Capital: The Rise of Financial Centres in Greater China (London: Chatham House, May 2012).

21. 在中國，銀行間積極透過有擔保附買回交易來彼此拆借。7 天附買回協議和 3 個月上海銀行間拆放利率（SHIBOR）對於貨幣市場流動性的變化和授信狀況相當靈敏，漸漸作為衡量銀行間流動性的基準。

22. Wensheng Peng, Hongyi Chen, and Weiwei Fan, "Interest Rate Structure and Monetary Policy Implementation in China," China Economic Issues (Hong Kong Monetary Authority), no. 1/06 (June 2006): 1–13; Li-gang Liu and Wenlang Zhang, "A New Keynesian Model for Analyzing Monetary Policy in Mainland China" (Working Paper 18, Hong Kong Monetary Authority, 2007).

23. David Hale, China's New Dream: How Will Australia and the World Cope with the Re-emergence of China as a Great Power? (Barton: Australian Strategic Policy Institute, February 2014), 24, www.aspi.org.au/publications/chinas-new-dream -how-will-australia-and-the-world-cope-with-the-re-emergence-of-china-as -a-great-power/SR64_China-_Hale.pdf.

24. Jonathan Anderson, "The Sword Hanging Over China's Banks," UBS Investment Research, Asian Focus, December 15, 2006, 引自 Morris Goldstein and Nicholas R. Lardy, The Future of China's Exchange Rate Policy (Washington, D.C.: Peterson Institute for International Economics, 2009), 49.

25. Lingling Wei, "China to Begin Deposit Insurance in May," 華爾街日報，2015-5-31，http://www.wsj.com/articles/china-to-begin-deposit-insurance -from-may-1427794649.

26. Hu, "Hu Xiaolian: Successful Experiences," 5–6.

27. 1980 年至 1995 年間，人民幣按實質匯價貶值約 70%。Goldstein and Lardy, The Future, 24.

28. 官方干預後幾周，人民幣對美元貶值近 1.5%，2014 年 7 月也兩度大幅貶值。

29. "Spread Between Onshore, Offshore Yuan Widest Since September 2011," 路透，2016-1-5，http://www.reuters.com/article/us-china-yuan -idUSKBN0UJ0PG20160105.

30. IMF, "People's Republic of China 2015 Article IV Consultation," IMF Country Report No 15/234, August 2015, https://www.imf.org/external/ pubs/ft/scr/2015 /cr15234.pdf.

31. 外界無法取得國際金融協會 (Institute of International Finance) 發布的報告，參見 Shawn Donnan, "Capital Flight from China Worse Than Thought,"金融時報，2016-1-20

32. "IMFC Statement by Zhou Xiaochuan, Governor, People's Bank of China" (Thirty-First Meeting of the International Monetary and Financial Committee, International Monetary Fund, Washington, D.C., April 18, 2015), 5, https://www .imf.org/External/spring/2015/imfc/statement/ eng/chn.pdf.

33. "The Liberalization and Management of Capital Flows: An Institutional View," International Monetary Fund, November, 14, 2012, http://www. imf.org/external /np/pp/eng/2012/111412.pdf. 34. 同上。

35. Eswar Prasad, Thomas Rumbaugh, and Qing Wang, "Putting the Cart Before the Horse?: Capital Account Liberalization and Exchange Rate Flexibility in China" (Policy Discussion Paper 05/1, International Monetary Fund, Washington, D.C., January 2005), https://www.imf.org/exter-nal/pubs/ft/pdp/2005 /pdp01.pdf; Hongyi Chen, Lars Jonung, and Olaf Unteroberdoerster, "Lessons for China from Financial Liberalization in Scandinavia" (Economic Paper 383, European Commission, Brussels, August 2009), http://ec.europa.eu /economy_finance/publications/pub-lication15805_en.pdf.

36. Lifen Zhang, "China to Ease Cross-Border Capital Path," 金融時報，2014-11-16，www.ft.com/cms/s/0/d66a9ce2-6d78-11e4-bf80-00144fe-abdc0 .html#axzz3y2rxKotg.

第 10 章

1. China: A Reassessment of the Economy: A Compendium of Papers Sub-

mitted to the Joint Economic Committee, Congress of the United States (Washington, D.C.: U.S. Government Printing Office, July 10, 1975), iii.

2. 同上，659. 此報告指出，「儘管西方人士可以持有人民幣，也可以兌換（在若干條件下）為外幣，但人民幣帳戶僅能擺在中國境內，除外國機構和中國銀行之間之外，均無法交易。」

3. 同上。此報告也指出，中國在中央計畫經濟與他國絕無僅有之處，乃在於國際貿易中使用人民幣，並允許「西方機構」在往來銀行持有人民幣帳戶。

4. Jack Lew, "Remarks on the International Economic Architecture and the Importance of Aiming High" (speech, Asia Society Northern California, San Francisco, March 31, 2015).

5. 關於這點，也參見 Eric Helleiner and Anton Malking, "Sectoral Interests and Global Money: Renminbi, Dollars, and the Domestic Foundations of International Currency Policy" Open Economies Review 21:1 February, 2012, p. 41.

6. 2015 年在復旦大學的演講。"IMF's Lagarde says inclusion of China's yuan in SDR basket question of when," 路透，2015-3-20，http://uk.reuters.com/article/uk-china-imf-idUKKBN0MG0YJ20150320.

7. Benjamin J. Cohen, The Geography of Money, Ithaca: NY, Cornell University Press, 1998.

8. 相較之下，美國出口和進口以美元報價者各約 95% 和 85%。Linda S. Goldberg and Cédric Tille, "Vehicle Currency Use in International Trade," Federal Reserve Bank of New York Staff Reports, Staff Report no. 200 January 2005, p. 19. 不過，大多數產品以美元作為參考訂價，經由美國市場以外有組織的交易所交易。

9. SWIFT RMB Tracker, April 2016, https://www.swift.com/our-solutions / compliance-and-shared-services/business-intelligence/renminbi/ rmb-tracker /document-centre#topic-tabs-menu.

10. James Kynge, "Renminbi Tops Currency Usage Table for China's Trade with Asia," 金融時報，2015-5-27。

11. 據渣打銀行估計，2014 年 9 月底為止，國際金融美元負債為 12 兆美元、歐元為 7.6 兆美元、英鎊為 1.4 兆美元、日圓為 7,030 億美元、人民幣為 300 億美元。Standard Chartered research, Special Report, "Renminbi Internationalisation—The Pace Quickens," June 10, 2015.

12. 同上。

13. 2016 年 4 月數據。SWIFT Insight, "UK Jumps Ahead of Singapore as the Second Largest Offshore RMB Clearing Centre," 28 April 2016, https://www.swift.com/insights/press-releases/uk-jumps-ahead-of-singapore-as-the-second-largest-offshore-rmb-clearing-centre.

14. SWIFT Insight, "South Korea and Taiwan use the RMB for the majority of payments with China and Hong Kong," September 1, 2015, https://www.swift.com/insights/press-releases/south-korea-and-taiwan-use-the-rmb-for-the-majority-of-payments-with-china-and-hong-kong.

15. Syetarn Hansakul and Hannah Levinger, "China-EU relations: Gearing up for growth," 德意志銀行研究，2014-7-1，p. 1, p. 10, https://www.db.com/specials/en/docs/China-EU-relations.pdf.

16. 自由使用度是 IMF 2010 年所訂來評估 SDR 一籃子的標準。IMF, "Review of the Special Drawing Right (SDR) Currency Basket," April 6, 2016, https://www.imf.org/external/np/exr/facts/sdrcb.htm.

17. Qu Hongbin, "Renminbi Will Be World's Reserve Currency," Financial Times, November 10, 2010.

18. 社論，"Timely Move," 英文中國日報，2010-6-24，http://www.china-daily.com.cn/opinion/2010-06/24/content_10011970.htm.

19. "Internationalization of RMB Foreseeable: Expert," 英文中國日報，2010-12-8，http://www.chinadaily.com.cn/bizchina/2010-12/08/content_11669825.htm.

20. "Yuan and SDR: A Welcome Change for China and World," 中國日報，2015-12-1，http://europe.chinadaily.com.cn/business/2015/12/01/content_22596512.htm.

21. 同上。

22. "PBC Welcomes IMF Executive Board`s Decision to Include the RMB Into the SDR Currency Basket" (communiqué), People's Bank of China, December 1, 2015, http://www.pbc.gov.cn/english/130721/2983967/index.html.

23. 引自 Lucy Hornby, Tom Mitchell, and Jennifer Hughes, "China Pledges No More Renminbi 'Sudden Changes' After IMF Decision on Currency," 金融時報，2015-12-2。一帶一路國家是指橫亙歐亞兩大洲的新絲路

國家。

24. 很多官員向我表達這種看法，不過，並沒有正式文件載明這個策略。

25. Benjamin J. Cohen, The Geography of Money (Ithaca, N.Y.: Cornell University Press, 1998); Benjamin J. Cohen, The Future of Money (Princeton, N.J.: Princeton University Press, 2004).

26. Arvind Subramanian, "Renminbi Reign: The Countdown Begins," 印度商業標準報（Business Standard），2011-9-16，http://www.business-standard.com/article/opinion /arvind-subramanian-renminbi-reign-the-countdown-begins-111091600084_1 .html; Arvind Subramanian, Eclipse: Living in the Shadow of China's Economic Dominance (Washington, D.C.: Peterson Institute for International Economics, 2011).

27. Zhou Xiaochuan, "Reform [sic] the International Monetary System" 論文 2009 年 3 月 23 日刊於人行網站，http://www.pbc.gov.cn/english /130724/2842945/index.html.

28. 同上。

29. 同上。

30. 同上。"Report of the Commission of Experts of the President of the United Nations General Assembly on Reforms of the International Monetary and Financial System," United Nations, September 21, 2009, http://www.un.org/ga /econcrisissummit/docs/FinalReport_CoE.pdf. 有關使用 SDR 為超國家貨幣的討論，參見 Paola Subacchi and John Driffill, eds., Beyond the Dollar (London: Chatham House, March 2010).

31. 參見如 Chen Yulu, Chinese Currency and Global Economy (Chicago: Mc-Graw-Hill, 2014), 125–149.

32. 這些大宗商品都以美元計價，只有可可豆、橡膠、銅、鉛、錫以其他貨幣計價，據 UNCTAD 發布的大宗商品價格列表（http://unctadstat .unctad.org/wds/ReportFolders/reportFolders.aspx），3 個月可可豆期貨採 SDR 報價；自新加坡裝船出港的橡膠採星元報價；倫敦金屬交易所銅和鉛正式現貨報價採用英鎊；在吉隆坡市場非精鍊錫採馬元報價。

33. 在許多國家，像是印度、日本、中國，國內現貨和期貨在內合約都以本國貨幣報價。參見 Elitza Mileva and Nikolaus Siegfried, Oil Market Structure, Network Effects and the Choice of Currency for Oil Invoicing, Occasional Paper 77 (Frankfurt: European Central Bank, December 2007).

34. "U.N. to Let Iraq Sell Oil for Euros, Not Dollars," CNN，2000-10-30，新聞可見於 http://pegab.weebly.com/blog/un-to-let-iraq-sell -oil-for-euros-not-dollars.

35. Agnes Lovasz and Daniel Kruger, "Venezuela, Oil Producers Buy Euro as Dollar, Oil Fall," 彭博新聞，2006-12-18

36. "U.S. Imposes Record Fine on BNP in Sanctions Warning to Banks," 路透，2014-7-1，

  http://www.reuters.com/article/us-bnp-paribas-settlement -idUSKBN0F-52HA20140701.

37. Jack Farchy and Kathrin Hille, "Russian Companies Prepare to Pay for Trade in Renminbi," 金融時報，2014-6-8。

38. Evgenia Pismennaya, "Moscow's 'Mr Yuan' Builds China Link as Putin Tilts East," 彭博新聞，2014-9-24，http://www.bloomberg.com/news /articles/2014-09-23/moscow-s-mr-yuan-builds-china-link-as-putin-tilts-east.

39. Farchy and Hille, "Russian Companies Prepare to Pay for Trade in Renminbi."

40. Jack Farchy, "Gazprom Neft Sells Oil to China in Renminbi Rather Than Dollars", 金融時報，2015-6-1

41. Chiara Albanese, "Russia Shuns Dollar as Putin Strengthens Ties with China," 華爾街日報，2014-11-14，http://www.wsj.com/articles /russia-shuns-dollar-as-putin-strengthens-ties-with-china-1415972720.

42. 引自 Benjamin J. Cohen, "The Yuan Tomorrow? Evaluating China's Currency Internationalization Strategy," New Political Economy 17, no. 3 (2011): 361–371.

43. "IMFC Statement by Zhou Xiaochuan, Governor, People's Bank of China" (Thirty-First Meeting of the International Monetary and Financial Committee, International Monetary Fund, Washington, D.C., April 18, 2015), 5, https://www .imf.org/External/spring/2015/imfc/statement/eng/chn.pdf.

44. Strategy, Policy and Review Department, IMF, 2011.

45. Cohen, "The Yuan Tomorrow?"

46. 關於這觀點，也可參見 Kirshner, "Regional Hegemony," 236–237.

人民幣的底牌
THE PEOPLE'S MONE¥

★ ★ ★ ★ ★ HOW CHINA IS BUILDING
A GLOBAL CURRENCY

低調爭鋒全球大格局的新國際貨幣

Copyright © 2017 Columbia University Press

Complex Chinese translation copyright ©2017 by Briefing Press, a Division of AND Publishing Ltd.

Published by arrangement with Columbia University Press through Bardon-Chinese Media Agency

大寫出版
書系 〈知道的書〉Catch On　書號 HC0074

著　　者 蘇巴慈
譯　　者 劉忠勇
行銷企畫 郭其彬、王綬晨、陳雅雯、邱紹溢、張瓊瑜、蔡瑋玲、余一霞、王涵
大寫出版 鄭俊平、沈依靜、李明瑾
發 行 人 蘇拾平

發　　　行 大雁文化事業股份有限公司
台北市復興北路 333 號 11 樓之 4
電話 （02）27182001　傳真 （02）27181258
24 小時傳真服務（02）27181258 讀者服務信箱 E-mail: andbooks@andbooks.com.tw

初版二刷 2018 年 07 月
定　　價 新台幣 350 元
ISBN 978-986-9504-96-6

國家圖書館出版品預行編目 (CIP) 資料

人民幣的底牌：低調爭鋒全球大格局的新國際貨幣
蘇巴慈 (Paola Subacchi) 著 ; 劉忠勇譯
初版 | 臺北市：大寫出版：大雁文化發行 , 2017.08
272 面 ;15*21 公分 (知道的書 Cathch on ; HC0074)
譯自 : The people's money : how China is building a global currency
ISBN 978-986-95049-6-6(平裝)
1. 外匯 2. 人民幣 3. 貨幣政策 4. 中國
561.152　106011414